MASSA POR ARGAMASSA

Fig. 1. Hieronymus Bosch, *Ship of Fools* (1490–1500)

Publicado originalmente em 2018 pela dead letter office, BABEL Working Group, uma integrante da punctum books, Terra, Via Láctea.
https://punctumbooks.com

O BABEL Working Group é um coletivo e uma união de acadêmicos-ciganos sem líderes nem seguidores, sem pé ou cabeça, e somente um meio. BABEL vaga e espreita as ruínas da universidade pós-histórica como uma multiplicidade, uma alcateia, buscando outras alcateias com as quais coabitar e construir abrigos temporários para retirantes intelectuais. Nós também abrigamos vira-latas.

ISBN-13: 978-1-950192-45-8 (print)
ISBN-13: 978-1-950192-46-5 (ePDF)

DOI: 10.21983/P3.0264.1.00

LCCN: 2019948497
Library of Congress Cataloging Data is available from the Library of Congress

Design da edição original: Vincent W.J. van Gerven Oei

Tradução para o Português do Brasil por Yuri N. Martinez Laskowski
Copidesque e revisão de provas para a edição brasileira por Antonio H. Oswaldo Cruz

HIC SVNT MONSTRA

MASSA POR ARMAGASSA

A Biblioteca de Babel
e o Sonho de Totalidade

Jonathan Basile

Tradução para o Português do Brasil por Yuri
N. Martinez Laskowski

*Para meus pais. Sem o apoio deles durante minha doença,
este projeto não teria sido possível.*

E foi-lhes o tijolo por pedra, e o betume por cal.

Gênesis 11:3

Sumário

Notas da tradução

O título deste livro, uma citação bíblica, é *Tar for Mortar* na edição inglesa. Havia dois títulos possíveis para a edição portuguesa: *Betume por Cal,* que é a frase utilizada em muitas versões da Bíblia em português, ou *Massa por Argamassa,* que embora altere levemente a frase — enquanto possivelmente deixando seu significado intacto — preserva o jogo de sons e palavras observados no título original. É possível interpretar "*Mortar*" como "*More Tar*", "mais argamassa", especialmente ao observar o desenho gráfico na capa original, o que forma uma ponte com o conteúdo da obra, que tanto menciona uma infinita repetição como uma constante ressignificação de textos em si imutáveis. No interesse de manter registrado esse *caminho bifurcado* de possibilidades, preservam-se aqui ambos os títulos considerados.

Muitos livros da bibliografia foram deixados como na edição inglesa, pois em muitas seções, várias edições e traduções diferentes foram comparadas, e uma atualização completa das obras citadas para o português teria deixado essa porção da bibliografia para trás. O mesmo se dá com as obras de Borges citadas pelo autor: optamos por fazer a tradução direta do inglês ao invés de utilizar traduções já publicadas no Brasil, uma vez que o que está sendo analisado no texto são justamente as escolhas de cada um desses autores na tradução do texto Borgeano.

A versão padrão da Bíblia em inglês foi utilizada. Traduções em português costumam diferir consideravelmente do texto em inglês, não só em termos utilizados mas também no significado dos versículos, então o texto mais próximo daquele interpretado pelo autor foi mantido na hora da tradução.

Agradecimentos

Eu nunca teria começado a escrever este livro, e nem sequer teria sonhado com essa possibilidade, se Eileen Joy não tivesse depositado em mim uma estranha dose de confiança ao dizer que o publicaria. O livro deve sua existência, em primeiro lugar, a ela, a Vincent W.J. van Gerven Oei, e à criativa tomada de riscos da punctum books.

Suas ideias têm raízes demais para que eu consiga rastrear todas elas ou agradecer a todos pelo nome. No mínimo, eu gostaria de agradecer a Scott Goodman, Matt Howard, Rotem Linial, e a todo mundo que se juntou à discussão na "Fictional Archives, Archival Fictions" da Galeria Good Work, Maia Murphy e a todos que ajudaram a concretizar e fizeram parte de "Uninventional" na Galeria Recess, e à comunidade intelectual única e fértil do BABEL Working Group.

Também não seria possível agradecer individualmente a todos que dividiram comigo um breve encontro e uma ideia duradoura ao acessar libraryofbabel.info. Esse site foi o local de muitos encontros inusitados, cada um dos quais deixou sua marca na escrita deste livro.

Introdução

Eu percebi, após passar por muitas dificuldades na construção do site libraryofbabel.info, que estava tentando fazer uma reconstrução fiel de um sonho impossível. O website é uma versão online da "Biblioteca de Babel" de Borges, que, espero demonstrar, foi imaginada pelo autor como contraditória em todos os aspectos, de sua arquitetura à sua pretensão de abrigar toda a expressão possível. Essas tensões não foram resolvidas; assim, meu projeto espelha a Biblioteca de Babel apenas no seu fracasso. A Biblioteca de Babel foi imaginada por Borges contendo cada permutação possível de um conjunto básico de caracteres (22 letras, o espaço, a vírgula e o ponto), em 410 páginas. Este tanto é certamente possível — o website atualmente contém cada página possível de 3200 caracteres retirados de uma lista como essa - mas o sonho de uma biblioteca universal permanece elusivo. Além dos limites contingentes de seu pequeno conjunto de algarismos romanos, o comprimento de seus livros, e o seu veículo, há outros motivos essenciais pelos quais nenhuma quantidade de escrita pode exaurir as possibilidades do significado. Um texto existe dentro do que Borges chama de um diálogo infinito com seus destinatários, e sua recontextualização sem fim garante que, mesmo sem uma marca de diferença, cada livro, página e até mesmo letra pode diferir de si mesmo. Nossas bibliotecas não deixam de atingir a universalidade devido a um caractere que deixamos de fora, mas devido ao fato de que a totalidade em si é essencialmente incompleta.

Em todas as suas formas, a biblioteca deve nos levar a pensar diferentemente sobre as possibilidades de originalidade ou novidade. Era autoevidente para os bibliotecários na Biblioteca de Babel que eles jamais seriam capazes de produzir um trabalho original; ao invés disso, eles esperavam descobrir a verdade nos textos pré-fabricados que consideravam divinos. Mas essa sensação de que a possibilidade já foi exaurida não deve depender de uma realização (como imprimir ou publicar por meios digitais um conjunto combinatório inteiro). A linguagem se comunica como um conjunto estruturado de diferenças, logo suas unidades básicas (nesse caso, letras e sinais de pontuação) sempre serão permutáveis. Essa permutabilidade é universalizável: cada forma de expressão e experiência depende de sinais ou marcas, e de uma estrutura conceitual precedida por sua inteligibilidade. Ou seja, mesmo o evento mais imprevisto ou imprevisível é inteligível para nós somente ao nos conformarmos com conceitos e formas de experiência pré-existentes. Somos bricoleiros repavimentando e recombinando textos encontrados, sem a possibilidade de espontaneidade imediata. Mesmo que a nossa disposição desses sinais seja motivada por um contexto momentâneo, a biblioteca nos oferece um lembrete esmagador da indiferença de toda a expressão em relação a essas intenções. O próprio Borges brincou com a originalidade do seu ato de autoria, colocando um aviso na introdução de *El jardín de senderos que se bifurcan*: "Nem sou eu o primeiro autor do conto *A Biblioteca de Babel*; qualquer um que sinta curiosidade a respeito de sua história e pré-história pode consultar certas páginas da revista *Sur*, número 59, que registra nomes tão diversos como Leucipo e Lasswitz, Lewis Carrol e Aristóteles" (Borges, 1942, p. 5). De qualquer forma, reconheceremos tanta continuidade quanto perfídia em seu ato de suposta não-autoria, que pode ser uma condição universalizável de nossa relação com a história ou com a tradição. Não há novidade, assim como não pode haver repetição.

Uma pura repetição, como Borges costumava observar, desapareceria completamente, sem dispor ao menos de uma marca para ser distinguida de seus predecessores. Não seríamos capazes de reconhecer sua existência ou escrever estas palavras que a contemplam se não houvesse uma diferença entre nossa biblioteca universal e seus predecessores. A falta de identidade em nossas formas de expressão garante que algo qual novidade sempre se fará presente, mesmo que não existam marcas para reconhecê-la, e até mesmo se não for causada por nada que se assemelhe a nossa própria agência ou espontaneidade. Isto pode até mesmo ser o princípio que põe em xeque a soberania do sujeito supostamente presente. Como resultado da desconstrução da invenção e da descoberta, encontraremos algo qual repetição em toda experiência "nova", e algo como novidade em cada suposta repetição.

Borges trata com uma gentil ironia a ênfase insistente na totalidade vista em *A Biblioteca de Babel,* as afirmações do narrador de que a biblioteca é infinita no espaço e no tempo, e que ela contém não somente cada permutação possível de seu conjunto de caracteres mas também todos os significados possíveis. De maneira similar, em seus trabalhos de não-ficção, ele afirma algumas vezes que combinações poderiam saturar a literatura, ou que a repetição é a única realidade, enquanto afirma em outros momentos que um texto único difere de si mesmo e que nada jamais se repetirá puramente. Tal ironia e autocontradição são as forças que cancelam a possibilidade da totalização. Suas funções na ficção e não-ficção de Borges serão o assunto dos primeiros dois capítulos (embora, como veremos, a distinção entre ficção e não-ficção se tornará difícil de manter). O terceiro capítulo é focado numa área ideologicamente motivada de críticas literárias que comparam a Internet com uma biblioteca universal. Estes críticos tomam por garantida a completude da Biblioteca de Babel de Borges; eles tanto ignoram a sua contradição irônica da totalidade quanto exageram o poder de nossa tecnologia contemporânea. A escrita de Borges pré-programa a sua progenitura tecnológica, não por conter uma totalidade de todas as possibilidades do passado e do futuro, mas por jogar com a brecha que rompe com toda a identidade.

A Biblioteca de Babel

O narrador de *A Biblioteca de Babel,* um bibliotecário que vive entre suas prateleiras, afirma sem cessar a sua totalidade e infinidade. Ela contém todas as permutações possíveis de seu conjunto de caracteres, e todos os significados possíveis; ela sempre existiu, continuará existindo, e se estende infinitamente no espaço. Obviamente, nenhuma dessas proposições jamais poderia ser verificada por uma criatura condicionada pela finitude, limitada em tempo e espaço. Nosso narrador as aceita por uma questão de fé. Há várias indicações de que Borges encara essas afirmações de forma irônica, não para denegrir a biblioteca (como se ela pudesse abrigar todas as expressões possíveis, mas falhasse), e sim para demonstrar que totalizar a expressão é um ideal impossível. Esta ironia espelha um gesto recorrente em sua "não-ficção", em que Borges frequentemente afirma um princípio utilizando um apelo místico ou romântico, um princípio de unidade ou de transcendência, enquanto afirma em outro momento as premissas de uma desconstrução desta mesma afirmação.

Apesar da imensa quantidade de literatura sobre Borges, é raro encontrar críticos que questionem a veracidade de seus narradores. Com muito mais frequência, as concepções totalizadoras de seus narradores são encaradas como expressões das tendências místicas do próprio Borges. Seja entre especialistas, teóricos que citam Borges como parte de trabalhos filosóficos mais amplos, ou na literatura popular, é possível encontrar autores, de Barrenechea e Foucault a Bloch, cometendo esse mesmo deslize, e incorporando em seus textos as ilusões ideológicas do narrador de Borges[1]. Uma leitura mais cuidadosa pode identificar uma posição irônica da narrativa em todas as histórias de *O Jardim de Caminhos que se Bifurcam*. O Borges que emerge desta teia de autocontradições textuais não é o celebrador exuberante da união mística, mas um que dança sobre o abismo não menos misterioso que complica a passagem de finitude a infinidade.

Arquitetura e Anarquitetura

A história se abre com uma visão do que pode ser uma estrutura sem fim, um projeto arquitetônico que, assim como os textos da biblioteca, poderia iterar-se indefinidamente, talvez até mesmo infinitamente. Essa estrutura, de salas hexagonais com quatro ou cinco paredes com estantes, com uma ou duas passagens entre hexágonos adjacentes, com um vasto abismo dentro ou entre elas, é desenvolvida em uma das partes mais textualmente complexas da história. Cada uma das revisões e ambiguidades deste parágrafo, que parecem nos introduzir à espacialidade da biblioteca, tornam incertas a forma e a consistência desta estrutura. Borges cria um texto cuja identidade mais íntima é uma diferença ou conflito interno — os leitores que tentarem, com a maior dedicação, ser verdadeiros ao projeto dele, inevitavelmente imaginam estruturas que contêm brechas nelas mesmas, ou criam brechas na história.

As incertezas textuais começam na primeira frase, que descreve galerias hexagonais "*con vastos pozos de ventilación en el*

---

1   Ver, por exemplo, *Borges: O Fazedor de Labirintos*, de Barrenechea; *Linguagem ao Infinito*, de Foucault; ou *The Unimaginable Mathematics of Borges' Library of Babel* [*As Matemáticas Inimagináveis da Biblioteca de Babel de Borges*], de Bloch. De todas as críticas que analisei no decurso deste estudo, as únicas dúvidas explícitas quanto ao narrador de *A Biblioteca de Babel* vêm de *O Efeito do Clinâmen Atomista na Constituição da Biblioteca de Babel de Borges,* por Kane X. Faucher, e Babelation, de Neil Badmington. A interpretação mais perspicaz do posicionamento narrativo irônico nas histórias de Borges que eu encontrei, focando-se em *Pierre Menard, Autor do Quixote* e *O Jardim dos Caminhos que se Bifurcam,* é a Palestra de Pesquisa nº 118 de Efraín Kristal, da Universidade da Califórnia em Los Angeles.

medio". Os quatro tradutores ingleses que trabalharam nesta história estão divididos quanto ao modo de interpretar essa frase — escreveram ou "com vastos respiradouros entre elas", na tradução de James E. Irby, em outras palavras, entre um número de galerias hexagonais haveria um espaço externo vazio, ou "cada uma com um vasto poço de ventilação central", na tradução de di Giovanni[2] e "No centro de cada galeria há um poço de ventilação", na tradução de Hurley. Embora não exista base textual literal para a aparição da palavra "cada" nestas duas traduções,

---

2 Embora a tradução de Norman Thomas di Giovanni desta história nunca tenha sido impressa, eu a considero uma faceta importante da recepção em língua inglesa de Borges. A grande maioria das traduções em inglês dos trabalhos de Borges publicadas durante a vida do autor foram colaborações com di Giovanni. A dupla trabalhou em muitas das poesias de Borges e seus trabalhos em prosa posteriores, mas foram incapacitados de publicar traduções de algumas das suas histórias de ficção mais importantes, incluindo histórias de *El Aleph* e *Ficciones,* pois os direitos de tradução ainda eram mantidos pela editora de uma edição inglesa anterior.

As colaborações de Borges com di Giovanni são traduções estranhas e abertas, que demonstram mais sobre as teorias de tradução do par do que sobre o trabalho original. Borges era notório por sua infidelidade criativa, ao traduzir outros autores, e mantinha essa infidelidade ao traduzir o seu próprio trabalho (sobre este tema, veja *Invisible Work: Borges and Translation,* de Efraín Kristal). Ainda assim, elas claramente representavam os desejos de Borges, e infelizmente, após a morte de Borges, sua viúva e herdeira de seus direitos literários, María Kodama, em colaboração com a Viking-Penguin, deixou as traduções de di Giovanni esgotarem-se nas lojas e encomendou as traduções de Hurley para poder ignorar os contratos de di Giovanni (di Giovanni, *The Borges Papers*). O seu objetivo provável era de garantir uma maior margem de lucro das versões inglesas do trabalho ao conseguir evitar o acordo de divisão meio-a-meio que Borges havia feito com seu amigo.

Di Giovanni foi barrado de disseminar as suas (e, por extensão, também de Borges) traduções, e foi inclusive forçado a removê-las de seu website. Eu encontrei a sua tradução não-publicada de *A Biblioteca de Babel* utilizando a Wayback Machine; na época da publicação deste livro, elas se encontravam disponíveis em https://web.archive.org/web/20130212202907/http://www.digiovanni.co.uk/borges/the-garden-of-branching-paths/the-library--of-babel.htm.

Resgatei o que pude e tornei os textos disponíveis em meu website, juntamente com suas traduções esgotadas, em https://libraryofabel.info/Borges/BorgesDiGiovanniTranslations.zip.

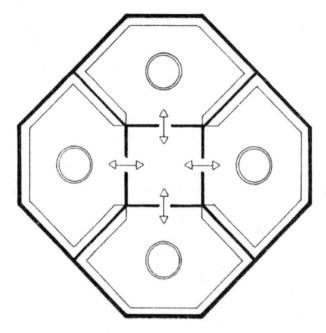

Fig. 1 — Uma seção da Biblioteca de Babel caso só uma das faces de cada hexágono se abrisse para uma sala lateral, como desenhada por Cristina Grau em *Borges y La Arquitectura* (Grau, 1989, p. 66).

a frase "en el medio" admite as duas interpretações. Enquanto esses três tradutores desambiguam a frase de abertura, o único que mantém a incerteza da frase de Borges é Kerrigan: "galerias hexagonais, com enormes poços de ventilação no meio".

Aqui nós vemos, logo na primeira frase, um abismo que se abre para o infinito, ou para o que excede as nossas capacidades ao ponto de sugerir a infinidade (o sublime), trocando-se entre os limites ou alterando o próprio limite daquilo que é interno e externo.

O que segue essa frase não é nem um pouco mais fácil de interpretar ou traduzir. A primeira edição da história, publicada em *O Jardim de Caminhos que se Bifurcam* em 1941 ou 1942,[3] contém a seguinte passagem: "*Veinticinco anaqueles, a cinco largos anaqueles por lado, cubren todos los lados menos uno [...]. La cara libre da a un angosto zaguán, que desemboca en otra galería, idéntica a la primera y a todas*". Embora di Giovanni utilize textos da revisão de 1956 feita por Borges em outras passagens, aqui ele se baseia na primeira edição: "Vinte cinco longas prateleiras, cinco de cada lado, enchem todos os lados com a exceção de um [...]. Do lado sem prateleiras, uma passagem estreita leva para outra galeria, que é idêntica à primeira e a todas as outras". Borges reconheceu um erro nesta passagem cuja natureza precisa teremos que debater mais profundamente, e realizou três mudanças, com o objetivo de livrar um dos lados do hexágono para criar uma passagem para outras galerias: "*Veinticinco*" tornou-se "*veinte*", "*menos uno*" tornou-se "*menos dos*" e, estranhamente, "*la cara libre*" tornou-se "*una de las caras libres*" — muita controvérsia cerca a discussão do que aconteceu com a segunda

3   A primeira impressão daquela que se tornaria possivelmente a coleção mais influente de Borges é datada de 1941 de acordo com o cólofon do livro, mas 1942 de acordo com a sua marca registrada. O final de 1941 foi a data limite de um prêmio nacional que Borges e o seu editor esperavam vencer; a impressão foi ou apressada para cumprir o prazo, ou a data foi falsificada. De qualquer modo, o trabalho inovador de Borges foi rejeitado em favor de prosa mais reconhecivelmente argentina (ver Jarkowski, "Cuando Borges Perdió Por Mayoría De Votos"). Meus agradecimentos a Fernando Sdrigotti por sua ajuda em descobrir esta explicação.

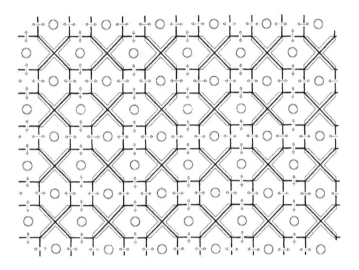

Fig. 2 — Uma planta da Biblioteca de Babel com duas aberturas em cada hexágono, desenhada por Cristina Grau em *Borges y La Arquitectura* (Grau, 1989, p. 68).

parede sem estantes. Os outros tradutores seguiram a edição revisada. De acordo com a tradução de Irby: "Vinte prateleiras,
em cinco longas estantes de cada lado, cobrem todos os lados
exceto dois [...]. Um dos lados livres leva a um corredor estreito" (Borges, 1964, p. 51). Resolver as incertezas desta revisão
necessariamente nos envolve na incerteza física da posição do
poço de ventilação, e a incerteza ontológica do infinito e do finito.

Christina Grau, em seu trabalho *Borges y la Arquitectura,*
explica o problema que sua revisão corrigia e oferece uma interpretação possível da estrutura imaginada (Grau, 1989, p. 66).
Embora a história frequentemente conjure espaços intermina-
veis e labirínticos, percorridos por bibliotecários solitários, uma
estrutura de hexágonos com somente uma abertura necessariamente terminaria em sua primeira junção (ver fig. 1). Tal estrutura não é capaz de se expandir na direção horizontal, embora
pudesse se repetir na forma de poços verticais auto-contidos e
sem fim. Se o movimento lateral fosse barrado, entretanto, seria
impossível entender a primeira metade das memórias melancó-
licas do narrador, que descreve viajar "por muitas noites através
de corredores e ao longo de escadas polidas" (Borges, 1964, p.
54).

Claramente, Borges quis corrigir este erro de projeto quando revisou sua história em 1956. Mas a adição de uma segunda
passagem não resolve de forma alguma os problemas textuais de
seu parágrafo de abertura. Grau ainda permite, em seu diagra-
ma da edição revisada, a problemática câmara central em forma
de quadrado (ver Fig. 2). Ao que parece, tendo em vista os círculos desenhados em seus diagramas, ela opta pela interpretação de que os poços de ar estariam dentro de cada hexágono, e
assim a câmara quadrada central é uma adição sem base no texto de Borges. Além disso, os "idealistas" entre os bibliotecários
"argumentam que salas hexagonais são uma forma necessária
de espaço absoluto ou, ao menos, de nossa intuição do espaço" (Borges, 1964, p. 52). Embora isso pareça impedir a adição
de uma câmara quadrada, pelo menos não é algo tão explicitamente proibido quanto uma sala com um lado a mais, ou um a

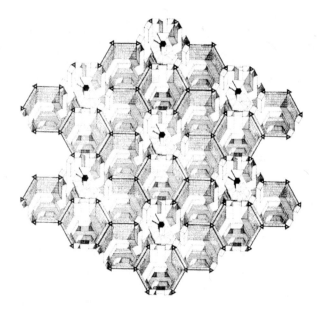

Fig. 3 — Uma planta da Biblioteca de Babel com duas aberturas em cada hexágono e um hexágono separado para cada escada em espiral, como desenhado por Antonio Toca Fernandez em *La biblioteca de babel: una modesta propuesta* (Fernandez, 2009, p. 79)

menos: "Eles raciocinam que uma sala triangular ou pentagonal é inconcebível" (idem). Se esta antecâmara quadrada possui o objetivo de ser a passagem estreita mencionada anteriormente, devemos notar que há duas dessas para cada hexágono, e retornar à terceira das revisões de Borges.

Antonio Toca Fernández, que responde ao modelo de Grau em *La biblioteca de babel: Una modesta propuesta,* sugere que a revisão de Borges está incompleta. Por que remover os livros de uma parede em cada hexágono, no entanto não utilizar aquela parede como passagem? Ele propõe uma correção mínima: o que era *La cara libre* (a face livre) na primeira edição, e se tornou *Una de las caras libres* (uma das faces livres) na segunda, devia ter sido <u>*Cada*</u> *una de las caras libres* — cada uma das faces livres. Esta emenda justifica as aberturas em dupla no modelo de Grau, mas os *zaguanes* quadrilaterais dela ainda o incomodam.

Ele reconhece que Borges desejava uma estrutura que pudesse saturar o espaço com uniformidade geométrica, e expande os quadrados de Grau para se tornarem hexágonos (ver Fig. 3). Este modelo ainda contradiz diversas partes do texto de Borges. As passagens estreitas descritas por Borges se abrem em "outra galeria, idêntica à primeira e a todas as demais." Isto é, elas devem conectar dois hexágonos, não seis como no modelo de Fernandez, ou quatro como no modelo de Grau. E não há nada de estreito (*angosto,* no original) sobre esta passagem que aparenta crescer de um arquiteto para o próximo, gerando novas aberturas e atrapalhando a simetria das galerias idênticas.

Um visitante do website libraryofbabel.info, que se identificou como WillH, ofereceu uma engenhosa solução que resolve alguns desses dilemas espaciais e textuais. Ele reinterpreta o poço de ventilação "no meio" dos hexágono(s), para evitar a necessidade de re-revisar a segunda edição do texto de Borges. Um único poço circular absorve uma das paredes de seis hexágonos, assim necessitando de apenas uma passagem por hexágono e permanecendo verdadeiro à passagem "*uma* das faces livres" (ver Fig. 4). A visão dele quase reconcilia os enigmas textuais, porém com uma *brecha* muito significante: em uma entrevista

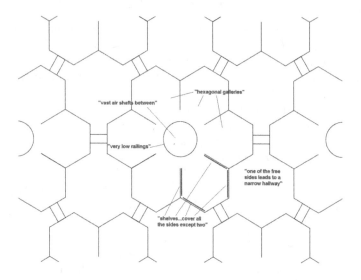

Fig. 4 — Uma planta da Biblioteca de Babel com uma abertura em cada hexágono e o poço de ventilação entre um agrupamento de hexágonos, desenhada pelo usuário de libraryofbabel.info, WillH.

com Christina Grau em *Borges y la Arquitectura,* Borges explica sua motivação para compor sua biblioteca com hexágonos:

> No início eu pensei em uma série de círculos, pois eles produzem a sensação de uma falta de orientação [...] mas círculos deixavam espaços entre eles que me perturbavam. Mais tarde, eu decidi usar hexágonos pois eles se encaixam sem necessitar de outras figuras (1989, p. 73).

A estrela elegante criada por WillH, embora sendo o único projeto que aceite todas as emendas de Borges, e ser o único que siga o modelo *"en el medio"* juntamente com Irby, deixa seis espaços, cada um na forma de um hexágono inacessível, caso nós engrossemos as paredes ou comprimamos as passagens.

Devemos aceitar somente a evidência da segunda edição, e tratar a entrevista de Borges como extrínseca? Mas se ele está sendo desonesto ou enganador, ainda devemos contar com a tendência de Borges a criar teias textuais intrincadas, labirintos de revisões e comentários que, assim como cal de aves, prende mais e mais os leitores mais cuidadosos, à medida que se esforçam para obter uma interpretação coerente. Acreditei, uma vez, que poderia balancear essas tensões ao aceitar a adição de uma segunda passagem, como fez Fernandez, e condensar as passagens com paredes mais espessas (ver Fig. 5)[4].

Mas eu deixei de ansiar por uma solução — eu prefiro muito mais me maravilhar com um texto que consegue, aparentemente tanto intencionalmente quanto por acidente, permitir tantas soluções elegantes enquanto sempre deixa espaço para um resquício de irreconciliabilidade. Minha discordância final seria com a afirmação de Fernandez de que:

---

4   Retirado do rumo pelo meu desejo de reconciliar as dificuldades do texto, eu alterei a passagem de acordo com a emenda de Fernandez e acidentalmente ignorei a demanda de que as galerias deveriam ser "idênticas". Variar a posição das entradas e saídas claramente viola essa simetria. Esta imagem foi criada pela minha irmã, Sarah Basile, de acordo com as minhas especificações; a ela dou crédito total por sua elegância, e assumo toda a sua responsabilidade pelos erros inclusos.

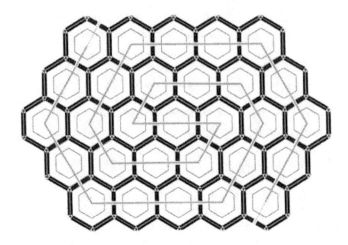

Fig. 5 — Uma planta da Biblioteca de Babel que eu imaginei em uma tentativa iludida de reconciliar as contradições textuais das revisões de Borges.

A história de Borges não é um sonho embaralhado [desdibu-
jado — "rascunhado", eclipsado]; pelo contrário, seu pesadelo
lúcido descreve a biblioteca com a precisão de um expert...
de um arquiteto [...]. O que surpreende e inquieta a respeito
de Borges é que, em sua cegueira, ele imaginou um universo
que poderia ser construído (Fernandez, 2009, p. 79).

É bem o oposto — Borges tem uma imaginação que ultrapassa
a lucidez para adentrar o seu verso sombrio, a mente do que eu
preferiria chamar de anarquiteto, cuja grande visão tem a capacidade de nos guiar à cegueira. Nós correremos de encontro a
esse limite continuamente, por exemplo, ao nos deparar com a
ironia de Borges; a criação de um texto em conflito consigo próprio atrapalha ou desconstrói a tarefa da crítica, compreendida
como uma seleção entre significados possíveis, enquanto abre
para nós a possível impossibilidade de significados ou decisões.

Sonhos de Infinidade

O parágrafo de introdução da história, que se abre nesta arquitetura impossível, se encerra reassinalando a impossibilidade da totalidade. Após descrever a arquitetura em repetição, o narrador-
bibliotecário nos diz:

> No corredor, há um espelho que fielmente duplica todas as
> aparências. Os homens normalmente inferem a partir deste
> espelho que a Biblioteca não é infinita (se realmente fosse,
> por que esta reprodução ilusória?); eu prefiro sonhar que
> suas superfícies polidas representam e prometem o infini-
> to... (Borges, 1964, p. 51).

Acabamos de receber um projeto que exige a traição ou do espaço Euclidiano ou do próprio texto, e que mencionou um fosso
abissal que se move ao centro e para fora do centro do santuário.
O espelho representa outra forma do infinito, capaz de se mo-
ver dos cantos mais longínquos para o coração mais interno da
experiência. A interpretação comum ou vulgar desta entidade

se baseia numa infinidade de espaço, negada pelos "homens" que assumem que o espelho deve servir para compensar uma falta na realidade. A imagem espelhada é mais relevante para uma infinidade do espaço; ao permitir uma brecha ilusória, falsa, imaginária ou irreal, o espelho revela a progressão rumo ao infinitesimal que divide sem cessar cada hexágono, nódulo, ou ponto neste campo instável, e que expõe a falta de autoidentidade de todas as entidades nas imediações desta experiência.[5] Entretanto, ironicamente, o narrador transfere esta infinidade para distâncias enormes e inacessíveis, em uma tentativa de preservar seu próprio sonho de totalidade. Em todos os momentos em que a infinidade ou a saturação são invocadas pelo narrador, incluindo a afirmação todo-poderosa da completude combinatória da biblioteca, ele revela somente sua luta vã contra a interdependência da estrutura e da desconstrução, assim como a ironia sagaz de Borges.

O bibliotecário decide através do dogma todos os conflitos que Kant atribui a uma antinomia da pura razão. Kant identifica a origem de certos debates filosóficos tradicionais em um conflito da razão com ela própria, necessário para qualquer inteligência racional finita. Essas antinomias incluem a finitude ou infinidade do espaço e do tempo (quantidade), se existe uma substância simples ou se a matéria é infinitesimalmente divisível (qualidade), se existe causalidade inteligível, como o livre arbí-

---

5   O ponto de vista taxonômico que Ana María Barrenechea assume em relação ao corpus de Borges se torna problemático quando visto nesse espelho. Ela aparenta tentar criar um conjunto estável de categorias ou temas, e dissecar as obras de Borges para encaixarem-se em cenas e símbolos individuais no seu esquema. Com um fervor analítico reminiscente daquele visto em John Wilkins (ver p. 63 abaixo), ela categoriza esse espelho sob O Infinito — As Multiplicações Infinitas — os espelhos de frente, e o coloca entre "os muitos símbolos sugerindo a infinidade do cosmos" que ela diz encontrar em *A Biblioteca de Babel* (Barrenechea, 1965, p. 39). Qual cosmos, e qual infinidade? Nós já observamos que cada palavra desta história está dobrada pela ironia de um narrador que possui uma segurança impossível da infinidade do cosmos, e por uma infinidade que desliza sem dificuldades dos confins mais longínquos do espaço ao coração das coisas. Omitir a ironia e ambiguidade de Borges, como muitos críticos o fazem, produz uma leitura unilateral de seus textos instáveis e indecisos.

trio, ou exclusivamente uma causalidade material (relação), e se existe um ser absolutamente necessário para a existência ou não (modalidade). Kant argumenta que nenhuma dessas disputas pode ser decidida por lógica ou experiência, mas que a razão, como uma capacidade que busca as bases ou princípios de todas as coisas, necessariamente descobre esses pares polêmicos, sem ser capaz de resolver a sua oposição. Nosso narrador, de qualquer modo, faz o que não se deve, escolhendo o axioma que corresponde às suas crenças e rejeita o outro, sem bases, em todos os casos.

A infinidade da biblioteca, em tempo e espaço, é repetida a nós sem cessar. O narrador finge derivar esta ideia da presença de um propósito que ele observa na realidade, mas nós sabemos a partir da *Crítica do Julgamento,* de Kant, que é impossível determinar se essa teleologia é o trabalho de um agente natural ou sobrenatural:

> Primeiro: A Biblioteca existe *ab aeterno.* Esta verdade, cujo corolário imediato é a futura eternidade do mundo, não pode ser posta em dúvida por nenhuma mente razoável [maior exemplo do dogmatismo do narrador] [...] o universo, com seu elegante dote de prateleiras, de volumes enigmáticos, de escadas inexauríveis para o viajante e latrinas para o bibliotecário em repouso, só pode ser a obra de um deus (Borges, 1964, p. 52).

Podemos claramente ver aqui a arbitrariedade do raciocínio de nosso narrador. Ele não pensa em termos de lógica ou empirismo, mas abraça qualquer ideia que celebre o poder de sua noção pré-concebida de Deus (o ser necessário). Os atributos de sua divindade são ordem, repetição e o imaterial. Podemos ver como este último atributo motiva seu pensamento em outra de suas suposições reverentes: "Uma vez que eu esteja morto, não haverá falta de mãos piedosas para me jogar por cima do corrimão; minha tumba será o ar insondável, meu corpo se afundará perpetuamente e decairá e se dissolverá no vento gerado pela queda, que é infinita. Eu afirmo que a Biblioteca não tem fim" (Borges, 1964, p. 52). Embora outras tradições declarem a finitude do tempo e do espaço em prol do divino além deste domínio, a infinidade do universo em todas as quatro dimensões é um modo do nosso narrador encaixar o imaterial neste mesmo mundo. Seu sonho de espaço infinito lhe permite a possibilidade de transcender seu corpo — não ser deixado para apodrecer dentro dos confins da finitude e da espacialidade, mas sim dissolver-se em um ar que quase pode ser confundido com o éter. O sonho da incorporeidade aqui também se relaciona com uma fantasia tradicionalmente masculina de transcender o gênero, à qual retornaremos ao considerar o universo totalmente masculino que os bibliotecários habitam. Uma referência explícita a Kant imediatamente segue essa frase dogmática: "Eu *afirmo* que a Biblioteca não tem fim. Os idealistas argumentam que as salas hexagonais são uma forma necessária de espaço absoluto, ou ao menos, da nossa intuição do espaço (Borges, 1964, p. 52). Um erro clássico do dogma é cometido ao derivar a infinidade do espaço da necessidade do espaço como uma forma de intuição — de acordo com Kant, isso somente garante que um limite jamais poderá aparecer, logo, que o empirismo não tem o poder de resolver a questão.

A antinomia da qualidade se destaca como a única preocupada com a dimensão infinitesimal. Esses princípios conflituosos não são menos necessários para a coerência do pensamento racional — a existência de uma substância simples, uma que não seria dividida em partes menores, é necessária para conceber a estabilidade ou identidade de qualquer uma das estruturas macroscópicas compostas de elementos divisíveis. De qualquer modo, espaço e tempo indivisíveis são formas necessárias de nossa intuição, então nada indivisível poderia jamais se apresentar para nós. Deveremos retornar, no próximo capítulo, à tradição atomista que se atracou com esta questão, e que constitui a base de muito da história de Borges. Por enquanto, podemos perceber simplesmente que o sonho da totalidade, de uma biblioteca total que contenha todas as possibilidades de expressão, depende da existência de um conjunto básico de "átomos" cuja indivisibilidade é garantida. O segundo axioma definido por nosso narrador, "*Os símbolos ortográficos são vinte e cinco em número*" (Borges, 1964, p. 53), é uma afirmação dogmática da simplicidade da substância básica, elemento ou átomo deste universo textual, que é a letra. A conclusão de que esta biblioteca universal exaure a expressão também depende desta suposição. O "pensador" que primeiramente chegou nesta tese a derivou da existência de vinte e cinco símbolos, e de uma segunda premissa, "*Na vasta Biblioteca não existem dois livros iguais*" (Idem, p. 54). Esta afirmação é igualmente dogmática, pois seria impossível para qualquer criatura finita verificá-la. Além disso, uma dedução lógica falaciosa segue estas duas premissas: "*Destas duas premissas incontroversas ele deduziu que a Biblioteca é total e que suas prateleiras registram todas as combinações possíveis dos vinte e tantos símbolos ortográficos*" (Idem). É claro, a premissa que falta é outra suposição igualmente sem base que o nosso narrador aceitou: a infinidade do universo. Podemos compreender melhor a razão do distanciamento irônico de um narrador ideologicamente iludido se nos concentrarmos naquilo que é possivelmente o mais fundamental desses equívocos — o das vinte e duas letras.

Há motivos, tanto essenciais como acidentais, para a insuficiência do conjunto de caracteres da biblioteca, todas elas reassinaladas por Borges. As inadequações acidentais já são o bastante para comprometer a frágil equação feita entre "todas as combinações possíveis dos vinte e tantos símbolos ortográficos" e "tudo o que isso pode expressar, em todas as línguas" (Borges, 1964, p. 54). Poderiam vinte e duas letras e três sinais de pontuação expressarem todas as possibilidades de todas as línguas? Caso sim, quais seriam essas letras? O número vinte e dois deve ter se sugerido a Borges devido ao seu interesse no tratamento cabalístico das vinte e duas letras do alfabeto Hebreu. Por exemplo, em sua dissertação "Sobre o Culto dos Livros", Borges atribui a seguinte frase, que poderia ser confundida com uma afirmação do nosso narrador, à história de criação cabalística contida no livro *Sepher Yetzirah*: "Vinte e duas letras: Deus desenhou-as, gravou-as, combinou-as, pesou-as, permutou-as, e com elas produziu tudo o que é e tudo o que será" (1997, 360–

61)[6]. Uma criação divina consistindo na permutação de vinte e duas letras possui uma ressonância óbvia com nossa história; de qualquer modo, o alfabeto utilizado na biblioteca é claramente Romano[7].

Borges oferece um relato de um conjunto de vinte e duas letras capazes de reproduzir todo o texto possível em seu ensaio "A Biblioteca Total". Presumivelmente a partir do alfabeto espanhol, de trinta letras, borges remove as letras duplicadas (*ch, ll, rr*) assim como o *ñ* desnecessário. Remover *k e w,* que aparecem somente em palavras emprestadas de outras línguas, nos deixa com vinte e quatro letras. O relato de Borges parece começar a partir deste ponto: "O alfabeto poderia abandonar o *q* (que é completamente supérfluo), o *x* (que é uma abreviação), e todas as letras maiúsculas" (Sepher Yetzirah, 1997, p. 215). Em sua introdução a *O Jardim de Caminhos que se Bifurcam,* Borges citou este ensaio como um relato dos verdadeiros autores de *A Biblioteca de Babel.* Aqui, ele atribui tanto a ideia quanto a dimensão de um conjunto de caracteres essencial de vinte e duas letras a Lasswitz: "Através de simplificações similares, Lasswitz chega a vinte e cinco *símbolos suficientes* (vinte e duas letras, o espaço, a vírgula e o ponto), cujas recombinações e repetições abrangem tudo o que é possível expressar em todas as línguas" (Borges, 1942, p. 216)[8].

---

6   Esta citação aparenta ser verdadeira, o que não é garantido na "não-ficção" de Borges. Ver capítulo 2, estrofe 2 do *Sefer Yetzirah* (100).

7   Kane X. Faucher, em *A Few Ruminations on Borges' Notions of Library and Metaphor,* sugere que o conjunto de caracteres na biblioteca deve ser o alfabeto Hebreu. Esta suposição não somente omite as questões erguidas pela transliteração implícita do manuscrito de *A Biblioteca de Babel,* mas também ignora a complexa história textual traçada em *A Biblioteca Total* de autores tentando reduzir o alfabeto Romano a estas proporções — autores incluindo o próprio Borges.

8   Tanto o caso de "símbolos suficientes" e o fraseamento e ponto duplo da última frase "todo lo que es dable expresar: en todas las lenguas" são citações diretas de *A Biblioteca de Babel.* Interessantemente, ambas as frases provocam a aversão dos tradutores, aqui e na maior parte das traduções do conto.

Como é típico da escrita de Borges, a teia textual desse ensaio, de seu conto, e do que podemos incautelosamente chamar da história verdadeira é inextricavelmente complexo. No mínimo, podemos com certa dose de certeza refutar John Sturrock, que assumiu que Kurd Lasswitz devia ter sido uma das invenções de Borges, dado que seu sobrenome pode ser traduzido abertamente para "inteligência cansada" (Sturrock, 1977, p. 100). Ele existiu, foi um autor alemão de protoficção científica, e escreveu *A Biblioteca Universal,* uma história curta que Borges cita como uma influência, embora talvez pelas razões erradas. Os personagens da história de Lasswitz dividem com o narrador de Borges um interesse num subconjunto dos conteúdos da biblioteca, por exemplo, os trabalhos perdidos de Tácito, ou os catálogos falsos e verdadeiros da biblioteca. Enquanto o personagem-autor de Lasswitz diz, "seus leitores concluirão que este é um excerto de um dos volumes supérfluos da Biblioteca Universal" (Lasswitz, 1958, p. 243), o narrador de Borges observa que "esta epístola rebuscada e inútil já existe em um dos [...] hexágonos inumeráveis" (Borges, 1964, p. 57). Porém, uma coisa que a biblioteca de Borges contém que certamente falta à de Lasswitz é um sistema ortográfico com apenas 25 caracteres. Lasswitz permite letras maiúsculas e minúsculas, pontuação ampla e notações científicas, e enfim resolve-se por 100 símbolos. Novamente, a tentação de levemente ajustar o texto de Borges aparece novamente, ao percebermos que Teodor Wolff, também mencionado no ensaio, realmente propôs reduzir os símbolos ortográficos a 25 em seu *Der Wettlauf mit der Schildkröte,* de 1929. Afinal de contas, Borges escreve em primeiro lugar, "A ideia básica de Lasswitz é a mesma de Carroll, mas os elementos de seu jogo são os símbolos ortográficos universais, e não as palavras de uma língua. O número de tais elementos [...] é reduzido e pode ser reduzido ainda mais" (Borges, 1985, p. 215), o que parece comunicar que Lasswitz contava com mais símbolos. Entretanto, mais adiante no mesmo parágrafo, isso se contradiz com a frase "Lasswitz chega em vinte e cinco símbolos". Poderia ele ter pretendido citar Wolff? A situação é complicada ainda mais quando reconhecemos que os 25 caracteres que Wolff propõe são diferentes. Como

Borges, ele elimina as maiúsculas, os números, e o desprezado *q*, mas propõe restaurar a união clássica de *i* e *j*, substituir *w* por *uu* (correspondendo ao seu nome) ou *vv* (correspondendo à sua forma), e declara o *z* uma abreviação de *sc* ou *cs* (Ley, 1954, p. 246). Não importa como se tente reconfigurar o texto de Borges, temos que admitir alguma deslealdade ou traição em suas tentativas de abrir mão da autoria e dar crédito aos seus antecessores.

A situação se torna ainda mais complexa quando nos voltamos ao texto do conto. Antes de atingirmos sua primeira frase, o título nos confronta com letras maiúsculas, e a epígrafe não somente contém números como fala de um conjunto de caracteres completamente diferente. "Por esta arte, contemplarás a variação das 23 letras" se refere ao alfabeto latino clássico. A história prossegue, utilizando-se de diversas letras maiúsculas, dígitos, marcas de pontuação e diacríticos excluídos. Uma nota do "editor" não é de muita ajuda:

> O manuscrito original não contém dígitos ou letras maiúsculas. A pontuação foi limitada à vírgula e ao ponto. Esses dois símbolos, o espaço, e as vinte e duas letras do alfabeto são os vinte e cinco símbolos considerados suficientes por esse autor desconhecido [*son los veinticinco símbolos suficientes que enumera el desconocido*] (Borges, 1964, p. 53).

Incertezas são abundantes. Quem é este editor? Como devemos distinguir sua interpolação do texto original? Como devemos atribuir as três outras notas de rodapé, duas das quais aparecem na primeira edição sem referência ao editor, mas indicadas pelo número um entre parênteses, e a última das quais é adicionada à segunda edição e se refere a Letizia Álvarez de Toledo (uma contemporânea de Borges)? Como o editor obteve acesso a este manuscrito se ele se encontra fora do mundo da biblioteca, ou como o texto chegou em nossas mãos caso ele se encontre dentro? Sua menção das "vinte e duas letras do alfabeto" e dos "símbolos suficientes" sugere que ele está dentro deste mundo e de sua ideologia (mas neste caso, como ele sequer sabe da existência de maiúsculas e dígitos?). Note que Irby deu o passo potencialmente infiel de atribuir a ideia de suficiência ao narrador. Di Giovanni faz o mesmo ("considerados suficientes pelo autor desconhecido"), Hurley se aproxima mais do original ("símbolos suficientes aos quais nosso autor desconhecido se refere"), e Kerrigan é, como de costume, o único ousado ou tímido o suficiente para criar uma tradução literal ("símbolos suficientes enumerados pelo autor desconhecido"). A ironia inerente a esta história, que alega que 22 símbolos deveriam ser suficientes para representar toda a linguagem possível enquanto prova que eles são insuficientes sequer para expressar esta ficção breve, refuta qualquer atribuição desta ideia de suficiência a Borges. Ao invés disso, ele aparenta, como de costume, ter multiplicado camadas e máscaras, criando uma figura liminar que parece trazer Borges um passo em direção ao interior da história, quando na verdade o afasta mais uma camada dela. E o que dizer do "Borges" que assinou uma obra de não-ficção dois anos antes, reivindicando a mesma ideia que esta ficção refuta ou gentilmente ironiza? Ficcionalizar um discurso aparentemente não-fictício enquanto se desenvolve a verdade em uma ficção é precisamente o tipo de desconstrução que define o estilo de Borges.

As letras proibidas que aparecem dentro dos textos da biblioteca, ou ao menos em suas lombadas (dorso — não, como escreveu Hurley, suas capas frontais), nos dão muito o que ponderar. É fácil dispensar a adição do editor de letras maiúsculas em *Trueno peinado* e *El calambre de yeso* ao se inserir mentalmente a letra minúscula, mas o que dizer de *Axaxaxas mlö*? Deveria isto ser acsacsacsas, ou ashashashas, ou ajajajas? *x* é possivelmente a letra mais irônica para borges escolher como irrelevante (como uma "abreviação"), dadas as suas vicissitudes na pronúncia do idioma espanhol. No mínimo, isso nos lembra que cada símbolo e cada letra são determinados por um contexto ao qual elas próprias contribuem — nenhuma pode ser removida ou substituída sem perdas. E é fácil o bastante remover o trema, mas por que teria ele sido adicionado ali em primeiro lugar? Sabemos que a frase vem de uma língua imaginada no texto *Tlön, Uqbar, Orbis Tertius,* de Borges, e que ela significa algo como "rio acima ele devaneou", mas como o editor sabe disso? Teria aquela história sido descoberta dentro do mundo da narrativa (onde *A Bibliote-ca Total*, de Borges, claramente também veio à tona), e caso sim, ela está sendo lida como ficção ou como uma obra enciclopédica? Vou me aventurar com algumas indicações provisionais dos caminhos infinitos que uma interpretação minuciosa desta intertextualidade teria que seguir: ela adiciona mais uma camada de complexidade à trama intrincada das obras de Borges, pois a frase vem de uma história em que a ficção e a ideologia continuamente introduzem-se no "mundo real" da narrativa (uma transgressão que Gerard Genette chamaria de metalepse narrativa), e agora se introduz no mundo de mais uma obra de ficção. Além disso, o idealismo de Tlön exemplificado por esta frase questiona até mesmo a mais básica afirmação de identidade, que é fundamental para as alegações atomistas do nosso narrador. Talvez os dois pontos do trema (assim como sua função) representem a própria cisão destas letras atômicas.

Esta insuficiência do conjunto de caracteres da biblioteca — em que sempre haverá caracteres deixados de fora até mesmo no conjunto mais espaçoso, e que um ou mais caracteres nunca poderão substituir outros sem algum ganho ou perda — é o que eu chamei antes de limitações acidentais. A insuficiência essencial reside na natureza de uma letra. Somente se a linguagem tiver uma estrutura atômica, se suas letras e marcas forem indivisíveis, poderá o segundo axioma da narrativa ("Os símbolos ortográficos são vinte e cinco em número") ser confirmado. Mas a própria narrativa questiona a autoidentidade desses símbolos, na frase imediatamente anterior a esta:

> Para perceber a distância entre o divino e o humano, basta comparar estes sinais grosseiros e vacilantes que minha mão falível rabisca na capa de um livro, com as letras orgânicas contidas dentro dele: pontuais, delicadas, perfeitamente negras [*negrísimas*], inimitavelmente simétricas (Borges, 1964, p. 52–53).

Para o divino e o humano serem distinguíveis, cada um dos "vinte e cinco" símbolos deve ser menor ou maior do que um, ao nunca estar em comunhão consigo mesmo. Cada um é capaz de separar-se de si e ser reconhecido simultaneamente como o mesmo e como algo diferente, apesar do sonho de inimitabilidade do narrador. A ausência de identidade própria de uma carta é a versão tipográfica da divisibilidade infinita do átomo, e assombra até a tentativa de nosso narrador de assegurar e estabilizar uma estrutura de símbolos consistentes (substâncias simples). Sem esta identidade própria, a saturação do significado é uma impossibilidade essencial, e o sonho de totalidade do narrador é dependente dos símbolos que o subvertem.

Autobiografia da Ficção

A ironia através da qual a história do narrador enfraquece suas próprias afirmações a respeito da completude da biblioteca nos leva à questão da posição de Borges dentro do texto. Embora esta ironia devesse proibir uma identificação de Borges com o narrador, podemos encontrar diversos casos de similaridade autobiográfica entre eles. Devemos considerar por quê e como Borges se identifica com uma ignorância que ele necessariamente transcende — uma divisão que pouco surpreende, vinda do autor de "Borges e Eu".

Para entender as implicações autobiográficas de um bibliotecário escondido entre pilhas de livros, rabiscando uma história que ele próprio mal consegue ler, devemos considerar a vida de Borges no momento da composição desta história. Ele relembra em *Um Ensaio Autobiográfico,* que ele ditou a Norman Thomas di Giovanni em inglês (Borges & Di Giovanni, 1999, p. 12), que em 1937, se aproximando da idade de 40 anos, ele obteve seu primeiro emprego de período integral, na ala Miguel Cané da Biblioteca Municipal de Buenos Aires. Ele foi designado para trabalhar em um catálogo dos livros, do qual ninguém parecia necessitar e que nunca foi completado. Em seu primeiro dia de trabalho, Borges indexou cerca de quatrocentos livros, e foi por isso castigado por seus colegas de trabalho. Os empregos deles dependiam da incompletude do catálogo, e por isso eles trabalhavam o mínimo possível, algo que a diligência de Borges viria a expor. Eles o instruíram a nunca indexar mais do que cem livros por dia, mas variar a quantidade diariamente para não gerar suspeitas. Ele passou os nove anos em que trabalhou lá realizando uma hora de catalogação pelas manhãs, e então passando o resto do dia escondido entre as prateleiras, lendo e escrevendo. Um dia, ele arranhou sua cabeça em um caixilho aberto de janela, e desenvolveu septicemia. Acreditava-se que ele morreria, e quando isso não aconteceu, seus médicos previram que ele nunca recobraria suas faculdades mentais. Ele se sentiu nervoso com a possibilidade de retornar a escrever críticas ou poesia, pois ele possuía certa reputação nestas áreas, e estava tão ansioso quanto seu público para descobrir se teria perdido seus dons. Foi sentado nesta biblioteca (ou, nos dias quentes, no telhado) e temendo por suas capacidades que ele escreveu as histórias de *El jardín de senderos que se bifurcan,* incluindo *A Biblioteca de Babel.*

Também em sua terceira década de vida, Borges começou a perder sua visão, então podemos reconhecer seu retrato no narrador-bibliotecário que escreve: "agora que meus olhos mal podem decifrar o que escrevo, eu me preparo para morrer a apenas algumas léguas do hexágono em que eu nasci" (Borges, 1964, p. 52). É provável que esta cegueira compartilhada tenha sido pensada como um emblema da ironia que gera a nossa identificação de Borges com o narrador, embora esta metáfora seja certamente *ableist.* Há diversos outros traços da vida de Borges nesta história. Por exemplo, eis o relato dele sobre as dimensões minuciosamente específicas dos livros:

Minha história Kafkiana *A Biblioteca de Babel* foi pensada como uma versão de pesadelo ou magnificação daquela biblioteca municipal, e certos detalhes do texto não possuem nenhum significado em particular. O número de livros e prateleiras que eu registrei na história são literalmente o que eu possuía aos meus lados. Críticos inteligentes se preocuparam com estas cifras, e generosamente as presentearam com significâncias místicas (Borges, 1971, p. 171).

É um pouco difícil de acreditar nisso, dada a uniformidade dos números nesse conto:

> Cada parede com exceção de uma em cada hexágono é coberta por cinco prateleiras; cada prateleira com trinta e dois livros de tamanho uniforme. Cada livro contém quatrocentas e dez páginas; cada página, quarenta linhas; cada linha, oitenta caracteres em letras negras (Borges, 1942, p. 76).

No mínimo, podemos reconhecer uma ênfase no número quarenta, símbolo bíblico da resistência perante longas provações, permanecendo a tentação de interpretar-se mais. O que se evita é precisamente o esforço rumo ao realismo e a irregularidade que contar linhas e páginas produziria — a única incerteza admitida é o número de caracteres por linha: "*unas ochenta letras*", ou "cerca de oitenta letras". Como é típico de Borges, o único realismo ocorre nos números que sabemos serem falsos, os que ele variou com regularidade para pacificar seus colegas de trabalho na ala Miguel Cané.

Também há detalhes arquitetônicos de seu ensaio autobiográfico que amarram a vida de Borges à Biblioteca de Babel. Ele dota cada câmara hexagonal na história com um *zaguán* ou passagem estreita, que aprendemos ser parte da arquitetura da casa em que ele nasceu: "Como a maioria das casas daquela época, ela tinha um telhado plano; e uma entrada longa e arqueada, chamada de *zaguán*" (Borges, 1971, p. 135). É nesta casa em que Borges recorda-se de algo importante: "Se me pedissem para identificar o evento principal de minha vida, eu falaria da biblioteca de meu pai. Na verdade, eu muitas vezes acredito que nunca saí daquela biblioteca" (Idem, p. 140). Se o ensaio atual tem um objetivo, este seria universalizar essa condição que Borges conecta com as coincidências de sua infância e sua natureza "livresca". O fato de que sua vida repetiu certas cenas, que ele foi desta biblioteca da infância para a Miguel Cané, que se tornou em sua imaginação a inescapável Biblioteca de Babel, e que mais tarde se tornou o terceiro bibliotecário-diretor cego da Biblioteca Nacional de Buenos Aires, o torna um profeta adequado para a textualidade generalizada, embora esta última não dependa de uma história de vida assim.

O que Borges atribui à sua biografia em suas obras de não--ficção, podemos encontrar universalizado em sua ficção. Em seu ensaio autobiográfico, ele escreve: "Esta planície sem fim, eu descobri, se chamava o pampa, e quando eu aprendi que os trabalhadores agrícolas eram gaúchos, como os personagens de Eduardo Gutiérrez, isso lhes deu certo glamour. Eu sempre cheguei às coisas após chegar aos livros" (Borges, 1971, p. 143). Que a linguagem ou textualidade precede a experiência está implícito na narrativa de *A Biblioteca de Babel*. Nosso narrador expressa isso ao dizer que "falar é cometer tautologia" (Borges, 1964, p. 57). Então, embora Borges e seus leitores mais cuidadosos possam se impor um distanciamento irônico das afirmações do narrador sobre a identidade pessoal da letra e a infinidade de seu universo, devemos reconhecer que não é tão fácil proclamar uma negação para nos ausentar dessas teses. O ato de reconhecimento que precede a nossa consciência de cada símbolo e coisa (e compromete qualquer suposta diferença entre linguagem e realidade) cria uma unidade mesmo enquanto separa uma coisa de si mesma[9]. Por esse motivo, Borges se coloca em ambos os lados da narrativa que ele cria, tanto do seu narrador pomposo e iludido, quanto de seu autor presumivelmente desmistificado. Podemos levar sua personalidade pública deste modo também; sua humildade e autodepreciação incessantes são talvez uma expressão de se sentir, ao mesmo tempo, menos vão do que, e inadequado em relação a — Borges.

O último momento autobiográfico aparece na nota de rodapé final da história, que registra uma observação atribuída a Letizia Álvarez de Toledo. Dado que a nota somente apareceu na segunda edição, e que Toledo era uma autora argentina e parte do círculo social de Borges, é inteiramente possível que a nota registre um comentário dela feito em resposta à história de Borges. Sua observação é a seguinte: "Esta vasta biblioteca é inútil.

---

9 Essas proposições podem parecer dogmáticas ou obscuras nesse momento, mas elas são consideradas mais pacientemente no próximo capítulo.

Rigorosamente falando, um único volume seria o suficiente, um volume de formato comum, imprimido em fonte tamanho nove ou dez, contendo um número infinito de folhas infinitamente finas" (Borges, 1964, p. 58). Vinte anos mais tarde, Borges retornou à ideia desta nota de rodapé quando compôs *O Livro de Areia,* uma narrativa em primeira pessoa em que o narrador admite trabalhar na Biblioteca Nacional Argentina antes de se aposentar, e que inicia seu relato ao prometer "afirmar que é verídica, é agora uma convenção de toda narrativa fantástica; a minha, no entanto, é verídica" (Idem, p. 87). Este narrador compra um livro de infinitas páginas de um caixeiro-viajante que o chamou de "livro de areia" pois "nem a areia nem o livro têm início ou fim" (Idem, p. 89)[10]. Devemos nos recordar, em *Os Dois Reis e Suas Duas Bibliotecas,* que areia infinita é reconhecida por Borges como uma das formas que o labirinto pode assumir, e que é inescapável a seu próprio modo. É precisamente nesta areia movediça que nosso narrador se encontra afundando cada vez mais profundamente, e que eu suporia que ele divide com o autor Borges. Sua lembrança pungente de que "nos raros intervalos que minha insônia me garantia, eu sonhava com o livro" (Borges, 1979, p. 91), remete a um pesadelo em que Borges, o criador de labirintos, se descobriu preso, preso em seu sonho e em suas repetições:

Eu tenho o pesadelo noite sim, noite não. O padrão é sempre o mesmo. Eu me encontro, digamos, numa esquina de Buenos Aires, ou num quarto, um quarto completamente comum, e então eu tento passar para outra esquina ou outro quarto e eles são os mesmos. E isso acontece de novo e de novo. Então eu digo a mim mesmo, bem, este é o pesadelo do labirinto. Eu simplesmente tenho que acordar, e eu acordo no devido tempo. Mas às vezes eu sonho que acordo e que

---

10 Embora possamos reconhecer suas continuidades com o livro da nota de rodapé de Borges, o livro de areia também contém escritas diferentes e ilustrações, prometendo ou esquivando-se da totalidade em qualquer número de dimensões.

me encontro na mesma esquina, no mesmo quarto, ou no mesmo charco, cercado pela mesma neblina ou observando o mesmo espelho — e então eu percebo que não estou realmente acordado. Eu continuo sonhando até acordar, mas a sensação de pesadelo dura dois minutos, talvez, até eu sentir que estou enlouquecendo. Então de repente, tudo aquilo some. E eu posso voltar a dormir (Borges, 1982).

Eu sinto Borges perdido em um labirinto textual, parcialmente criado por ele mesmo, embora parcialmente antecedendo a ele e universalmente inescapável, quando eu leio o narrador cansado desta última história. Quando ele retorna à Biblioteca Nacional para "esconder uma folha [...] em uma floresta", deixando o livro de areia em uma prateleira enquanto tenta não reparar em qual ela seria, ele está tentando, debilmente, exorcizar este antigo fantasma (Borges, 1979, p. 91). Mas este "Eu" não tem poder sobre o Borges que o precede e suas criações, mesmo que sejam idênticos.

O Culto dos Livros

Em *Tlön, Uqbar, Orbis Tertius,* Borges imaginou um mundo onde o senso comum se alinhe com a filosofia idealista, uma inversão perfeita do materialismo que é subjacente à nossa realidade mediana. *A Biblioteca de Babel* é outro exemplo de sua habilidade de inverter perfeitamente um binário fundamental, nesse caso, a distinção entre invenção e descoberta. Estamos acostumados a pensar sobre nós mesmos como indivíduos livres, e nossos pensamentos, fala e ações, como expressões de nossa espontaneidade, logo como atos originais ou invenções. É evidente para os bibliotecários que o seu uso da linguagem só pode repetir permutações que existem dentro da biblioteca, e assim eles pensam em suas próprias criações como inferiores aos textos de autoria divina que eles imitam. Enquanto nós celebramos a originalidade e temos um sistema legal estabelecido para reconhecer as invenções, eles atribuem maior valor à descoberta de texto preexistente. A desconstrução da invenção e da descoberta, e a biblioteca universal que a condiciona[11], segue a instabilidade de todas as oposições binárias mais fundamentais a modelar nosso pensamento.

Em *Sobre o Culto dos Livros,* Borges traça a elevação da escrita a um patamar sagrado, a culminação da qual ele encontra na tradição cristã das duas escrituras. Deus criou dois livros, de acordo com este modelo de pensamento, a Bíblia e a natureza. Ambos devem ser estudados para se aprender a vontade de Deus. Em *A Biblioteca de Babel,* observamos uma literalização quase parodista desta metáfora: a natureza é, senão um livro, ao menos uma biblioteca. De fato, nosso narrador busca o mesmo tanto de significado em sua *dotación* [dotação] de prateleiras, hexágonos e latrinas, quanto em suas páginas. Ainda assim, uma inversão ocorre que permite a aquilo que chamamos de artefato cultural atingir um status natural, e assim uma proximidade com o divino (para os de inclinação religiosa). Como resultado disso, os problemas encarados por uma mente finita que tenta compreender o infinito apenas se alteram. Por exemplo, "Aqueles que julgam [o mundo] como algo limitado postulam que em locais remotos os corredores e escadas e hexágonos podem [in] concebivelmente chegar a um fim — o que é absurdo" (Borges, 1964, p. 58). Sabemos que esta questão atormentava os filósofos antigos, e continua a causar controvérsia entre físicos modernos. Um problema que surge para nós em termos de espaço--tempo relativista ou de multiverso se encontra com o mesmo não-limite para o bibliotecário, em termos das unidades básicas estruturais de seu universo. Além do mais, como sabemos através das tradições em nosso mundo que consideram certos textos inspirados ou criados por forças divinas, esta procedência não faz as suas interpretações mais certas ou seguras. O vasto domínio das possibilidades alegóricas e criptográficas que se apresentam aos bibliotecários que buscam a verdade da palavra divina

---

11 No capítulo que se segue, veremos como o estado derivativo ou repetitivo da linguagem não é um produto da existência de uma biblioteca universal (como já vimos, até mesmo na história de Borges, a biblioteca nunca é puramente universal), mas ao invés disso, um princípio pertencente à essência da linguagem.

tem seu paralelo mais próximo com a tradição Cabalística que também fascinava Borges.

Como nosso narrador pensa em todo o texto como já criado e originário em Deus, as tarefas de autoria e leitura são transformadas. Lembrando-se da dificuldade de encontrar algo inteligível entre os textos da biblioteca, nosso narrador escreve: "Uma seita blasfema sugeriu que todas as buscas deveriam ser interrompidas, e que homens em todas as partes deveriam embaralhar letras e símbolos até que conseguissem compor, por um golpe improvável de sorte, os livros canônicos" (Borges, 1962, p. 84). O que ele chama de "embaralhar letras" nós chamamos de escrever, e esta inversão, como todas aquelas executadas pela ficção de Borges, revela algo fundamental que se aplica igualmente à nossa própria existência. Nós também somos dependentes da pré-existência da linguagem, tanto de letras como de palavras, e por necessidade todas as nossas composições são uma espécie de texto descoberto. Todo escritor sabe que seu produto nunca corresponde exatamente à sua ideia ou ao seu ideal, e que o processo de escrever tem a mesma chance de produzir um excedente ou uma perda de significado. A Verdade, por outro lado, é mais impossível do que improvável.

A tarefa de ler passa por uma transformação relacionada. Nosso narrador descreve um método "regressivo" para localizar um livro desejado: "Para localizar o livro A, consulte primeiro o livro B, que indica a posição do A; para localizar o livro B, consulte um livro C, e assim por diante, até a infinidade..." (Borges, 1964, p. 56). Nós estudiosos podemos instantaneamente perceber a paródia e o absurdo da tarefa de crítica implícita nestas linhas — se a nossa busca por significado em um texto progredir "regressivamente" através de sua história de interpretação e das influências de um autor, ou progressivamente através da escrita de ideias que são "nossas" (é claro que essa designação é insuficiente), nós sabemos que a nossa tarefa não termina quando a verdade é alcançada, mas quando a exaustão se apresenta. Sempre há um elo perdido, escondido, esquecido ou ainda para ser escrito nesta corrente, embora nunca haja um selo final.

Muitos leitores e críticos associam estes mundos invertidos com o gênero de fantasia e/ou com os sistemas filosóficos que implicitamente os motivam. Alguns atingem a conclusão injustificada de que Borges, portanto, não estaria interessado em realidades mais mundanas e locais, como a política Argentina. Os piores abusos da lógica partem daqueles que assumem que, devido a Borges escrever aquilo que eles consideram ficção científica ou fantasia, ou devido a ele ler filosofia e passar tempo em bibliotecas, ou devido a ele ter uma imaginação ou simplesmente uma mente vívida, ele logo estaria denegrindo a pessoa pública e a realidade. Tome por exemplo este comentário de Clive James, reafirmando uma declaração do contemporâneo de Borges, Ernesto Sábato: "Borges realmente temia a amargura da realidade, e ele realmente buscou refúgio em um mundo inventado" (James, 2007)[12].

---

12 Jaime Alazraki também postula que a literatura, a filosofia, e a metaficção representam uma escapada "do mundo": "Borges realizou uma escolha semelhante: confrontado com o caos do mundo, ele escolheu a ordem da biblioteca, a segurança de um labirinto decifrável [...]. Ele escreveu ficção baseado em teologias e filosofias, literatura baseada em literatura. Ele sabia que a face dura da realidade espreita em todos os cantos da vida, mas ele renunciou ao mundo devido, como ele disse, à sua natureza impenetrável. Ao invés disso, ele ancorou suas obras na ordem do intelecto, nas águas mapeáveis da biblioteca" (Alazraki, 1988, p. 182–83). É notável que um leitor de longa data das obras de Borges se retire de seus trabalhos com a impressão de que é algo fácil dividir o mundo do texto, ou que o intelecto ou a biblioteca seriam ordenados ou "mapeáveis".

De modo algum são as criações de Borges mais seguras ou decifráveis do que a "realidade" — e nem menos do que ela. Um indivíduo não pode deixar o mundo ao escrever literatura, ou até mesmo literatura sobre literatura. *A realidade é uma metaficção.* Quem possivelmente poderia dar uma boa olhada na política atual (por exemplo) e chegar à conclusão de que o seu ímpeto primário é a realidade? Viver dentro da fantasia de um louco é a condição dos personagens de Borges — e é a nossa condição também. Longe de fugir dele, a nossa única esperança de confrontar esta situação, de aprender como o nosso mundo é constituído e como o desmontar ou construí-lo de outro modo vem da construção e análise da metaficção.

Borges também nos mostrou a natureza de dois gumes de seu imaginário político. Pode-se tecer o véu da realidade (atrás do qual estão somente outros véus, ou então somente o nada) para bem — ou para mal. E a condenação que Alazraki e outros oferecem sobre a literatura e a filosofia são, em

Me incomodam não as críticas às políticas indefensáveis de Borges, mas a noção de que uma capacidade de abstração seria por algum motivo a culpa delas. Gina Apostol nos oferece uma das leituras mais cheias de nuance e intrigantes de Borges que já encontrei, a matriz de um número indefinido de interpretações possíveis dos temas políticos e pós-coloniais na obra de Borges. Em resposta à tendência dos críticos a lerem Borges como um apolítico devido a sua inclinação para a ficção e a metaficção, ela desenvolve uma teoria elegante sobre a condição da vida pós--colonial como viver no interior da fantasia de outros[13]. Considerem o protagonista de *As Ruínas Circulares,* que tenta criar a existência de um homem através de seus sonhos, somente para descobrir que ele mesmo é um sonho, ou o narrador de *Tlön, Uqbar, Orbis Tertius,* que descobre o fato de que a ideologia que impregna sua sociedade é "uma farsa assinada por algum milionário americano crasso" (Apostol, 2013). Seguindo as dicas de Gina Apostol, podemos indicar a trilha de uma leitura pós--colonial de *A Biblioteca de Babel,* onde uma espécie de homens se encontra em um universo textual inescapável, e tenta criar sua própria cultura e religião a partir dos elementos que herdou.

última instância, uma defesa dos piores compromissos políticos de Borges. Ele não fugiu de comprometimentos políticos ao escrever, mas se tornou um símbolo literário da literatura do lado dos autocratas de seu país. As simpatias supostamente Européias ou cosmopolitas de Borges devem ser compreendidas em vista da seguinte citação (que é, novamente, de dois gumes — o apagamento e a apoteose do nacionalismo): "Gibbon observa que no livro Árabe por excelência, o Corão, não há camelos; eu acredito que se houvesse qualquer dúvida quanto à autenticidade do Corão, esta falta de camelos bastaria para provar que ele é árabe. Ele foi escrito por Maomé, e Maomé, como um Árabe, não tinha razões para saber que camelos eram considerados particularmente árabes; eles eram, para ele, uma parte da realidade, e ele não tinha motivos para destacá-los, enquanto a primeira coisa que um falsificador, um turista, ou um nacionalista árabe fariam seria mencionar os camelos, caravanas inteiras de camelos em cada página; mas Maomé, como um árabe, não se preocupava com isto; ele sabia que poderia ser árabe sem camelos. Eu acredito que nós, argentinos, podemos ser como Maomé; podemos acreditar na possibilidade de sermos argentinos sem nos cobrirmos da cor local" (Borges, 1951, p. 424).

13 Em *Fora de Contexto,* Daniel Balderston também traça a trama intrincada de história e políticas nas histórias de Borges.

Novamente, vemos que a inversão de natureza e cultura na obra de Borges não a separam de nossa realidade, mas abrem uma perspectiva distorcida pela interpretação clássica ou discurso dominante. Devemos adicionar, à nossa leitura dos pontos cegos do narrador, o modo como uma certa localidade ou finitude sempre atrapalha a aspiração universalizadora, e devemos reler todas as afirmações complexas e autocontraditórias de Borges sobre o cosmopolitismo levando em conta esta ironia persistente.

Nossa consideração sobre as inversões dos binários não estaria completa sem tocar no assunto do gênero[14]. Embora isto nunca seja explicitamente afirmado, esta raça de bibliotecários aparenta ser exclusivamente masculina, referenciada ou com termos masculinos ("Como todos os homens da Biblioteca", "Todos os homens se sentiam os mestres" ou com termos abstratos como "a espécie humana" (Borges, 1964, p. 52–58)[15]. Parece necessário relacionar este gênero que se aproxima da ausência de um gênero com a carência em geral do corpóreo neste universo, onde há gerações sem nenhuma menção de reprodução, e "necessidades fecais" sem nenhuma menção de comida (Borges, 1942, p. 73). O sonho do nosso narrador de se dissolver no ar infinito parece ser outro sonho de incorporeidade[16]. Esta uni-

---

14 No original, *"genus or genre of gender"*, ou "o gênero" (num sentido taxonômico, de categoria) do gênero (no sentido da sexualidade ou identidade sexual) [N. do T.].

15 A única exceção é o nome de Letizia Álvarez de Toledo, que aparece em um ponto liminar em que a narrativa atravessa a barreira de outra dimensão, e onde a mesma nota de rodapé descreve a estrutura invaginada de um livro, sempre contendo mais um vinco interno.

16 O medo de extinção do narrador, o lamento de uma humanidade caída, se expressa em uma frase interessantemente ambígua. Enquanto *"La especie humana—la única"*, se torna "a espécie humana — a espécie única" para Irby, "a espécie humana — a *única* espécie" para Hurley, e "a raça humana — a única raça" para di Giovanni, Kerrigan é um caso a parte, alterando o significado do adjetivo: "a espécie humana — a espécie humana única" (Kerrigan, 1962, p. 87). Em outras palavras, Kerrigan oferece a leitura possível de que a humanidade seria diferente de outras espécies, ao invés de ser a única. Sua interpretação parece ser menos defensável do que as outras três, e talvez esteja mais para um protesto ou auto-defesa em face da absurdez orgânica

formidade também é, inevitavelmente, de dois gumes. Por um lado, ela se insere na tradição do estudioso, filósofo e homem da lógica, ou ainda do místico religioso ou viajante fantástico que transcende os limites do indivíduo, como um papel exclusivamente masculino. Por outro lado, ela deve ser lida no contexto de uma narrativa em que cada sonho de unidade e universalidade é atrapalhado pelos lapsos e erros de seu narrador, como um lembrete de que a humanidade como um pilar da vida e do espírito é impossível sem a diferença-de-si oferecida pelo gênero.

Bibliotecas que se Bifurcam

Retornemos à biblioteca da infância de Borges, a que ele alegou nunca ter deixado. Tem-se a impressão, lendo sua não-ficção impressionantemente erudita, que o mundo habitado por ele é, na verdade, feito daquela biblioteca, e muito provavelmente por outras também, e que ele nos guia através deste mundo ao virar suas páginas. Nós encontramos, em *A Biblioteca de Babel,* referências a muitas das figuras que dominam sua não-ficção. Cada uma destas referências nos leva a mais uma brecha, aporia, ou representação daquilo que não pode ser representado pela linguagem.

A maior parte destas referências vêm na forma de enumerações tanto de *A Biblioteca Total* como de *A Biblioteca de Babel,* que oferece um excerto pequeno e curioso que pretende dar uma ideia do tamanho da coleção completa. No primeiro texto, ele diz o seguinte:

> Tudo estaria em seus cegos volumes. Tudo: a história detalhada do futuro, Os *Egípcios,* de Ésquilo, o número exato de vezes que as águas do Ganges refletiram o voo de um falcão, o nome secreto e verdadeiro de Roma, a enciclopédia que

---

da história. É mais próprio à narrativa ver a humanidade, e possivelmente os homens, como os únicos seres vivos nesta biblioteca sem traças, o que poderíamos ler como uma expressão de falogocentrismo e carnofalogocentrismo, enquanto sempre abriga as suas desconstruções em potencial.

Novalis teria construído, meus sonhos e sonhos acordados na tarde de 14 de agosto de 1934, a prova do teorema de Pierre Fermat, os capítulos nunca escritos de *Edwin Drood*, estes mesmos capítulos traduzidos para a língua falada pelos Garamantes, os paradoxos sobre o Tempo que Berkeley inventou mas não publicou, os Livros de Ferro de Urizen, as epifanias prematuras de Stephen Dedalus, que não significariam nada antes de um ciclo de mil anos, o Gospel Gnóstico de Basílides, a canção que as sereias cantaram, o catálogo completo da Biblioteca e a prova da imprecisão deste catálogo (Borges, 1985, p. 216).

A *Biblioteca de Babel* altera esta lista um tanto:

[Suas] prateleiras contém todas as combinações possíveis de vinte e dois símbolos ortográficos (um número que, apesar de ser inimaginavelmente vasto, não é infinito) — ou seja, tudo o que pode ser expressado, em todas as línguas. *Tudo* — a história detalhada do futuro, as autobiografias dos arcanjos, o catálogo fiel da Biblioteca, milhares e milhares de catálogos falsos, uma prova da falsidade destes catálogos falsos, uma prova da falsidade do *verdadeiro* catálogo, o gospel gnóstico de Basílides, o comentário deste gospel, um comentário sobre o comentário deste gospel, a verdadeira história de sua morte, a tradução de todos os livros para todas as línguas, as interpolações de cada livro em todos os livros, o tratado que Beda poderia ter escrito (mas não o fez) sobre a mitologia dos povos Saxões, e os livros perdidos de Tácito (Borges, 1998, p. 115).

Diversas formas de impossibilidade estão implícitas nestas linhas. Por exemplo, enquanto "a prova do teorema de Pierre Fermat" poderia ser verificada caso descoberta (mesmo em 1939, antes que uma prova existisse — em um senso limitado de "existir"), obras não escritas de literatura ("os capítulos nunca escritos de Edwin Drood"), filosofia ("os paradoxos sobre o Tempo que Berkeley inventou mas não publicou") e história ("o tratado que Beda poderia ter escrito (mas não o fez) sobre a mitologia dos povos Saxões") não poderiam ser identificados — embora cada um deles possua possibilidades muito diferentes para a verificação por especialistas. Os trabalhos têm condições onto-lógicas bastante distintas, de obras escritas e perdidas até obras nunca escritas mas imaginadas por pessoas que um dia viveram, até ainda trabalhos nunca escritos mas imaginados como per-tencendo a personagens fictícios ("as epifanias prematuras de Stephen Dedalus, que não significariam nada antes de um ciclo de mil anos"). Enquanto "o catálogo completo da Biblioteca" é impossível, "a prova da imprecisão deste catálogo" não o seria. "A canção que as sereias cantaram" poderia seduzir cada um de seus leitores — será que cada um de nós a encontraria em um li-vro diferente, ou poderíamos encontrar um único livro com esta propriedade Proteica? Como Ana María Barrenechea comen-ta sobre uma enumeração similar em "O Aleph" (Barrenechea, 1965, p. 86), essa lista combina o universal ("uma história precisa do futuro") e o particular ("a verdadeira história de sua morte"). Impossibilidades também abundam dentro de cada um dos tex-tos referenciados.

"As autobiografias dos arcanjos" mencionadas em *A Bibliote-ca de Babel* (Borges, 1964, p. 54), "o nome secreto e verdadeiro de Roma", mencionado em *A Biblioteca Total* (Borges, 1985, p. 216), e "o Gospel Gnóstico de Basílides, mencionado em ambos, são todos mencionados na não-ficção de Borges, e cada um possui ressonâncias do nome divino irrepresentável. *Uma História dos Anjos* lista as propriedades atribuídas aos anjos por uma tradi-ção teológica que tentou fazê-los maiores do que qualquer ho-mem, porém menores do que Deus. Cada atributo se aproxima da eternidade e da imaterialidade, e o mais interessante para nós é "o poder de conversar entre eles próprios, instantaneamente, sem [*sin apelar a*] palavras ou sinais" (Borges, 1999c, p. 17). Uma vez que sejamos forçados a reconhecer, como fomos por *A Bi-blioteca de Babel,* que o sinal ou palavra é uma parte inelutável de nossa experiência, como poderia esta autobiografia ser co-municada a nós, de outro modo do que o paradoxo e a apófase, como na frase "conversação sem sinais"? *Uma Defesa de Basí-*

lides o Falso descreve uma visão que não estaria fora de lugar em *Kafka e seus Precursores,* um Deus que criou 365 paraísos mutuamente subordinados, antes de chegar na divindade que conhecemos a partir das escrituras como criadora do céu e da terra. Nós passamos por todos os mundos, até o céu mais alto, somente ao saber os nomes secretos dessas divindades. *Uma História dos Ecos de um Nome* também discute o nome de Deus, e reconta como "o verdadeiro nome de Roma também era secreto". Este ensaio descreve a revelação ou dissimulação do nome de Deus, feita por Ele mesmo, a Moisés, "EU SOU O QUE SOU", como a cifra perfeita ou nome entre os nomes. Enquanto os filósofos especulativos diriam que isto nomeou a unidade da existência e da essência, esta frase não foi menos verdadeira quando Swift, tendo enlouquecido, foi ouvido repetindo "Eu sou o que sou, eu sou o que sou..." (Borges, 1999d, p. 407). O nome que é verdadeiro, a Palavra absoluta e final sobre qualquer coisa existente não pode ser revelada para ouvidos finitos por motivos essenciais — e assim permanece secreto ou escondido. Também não aparecerão entre as páginas universais da biblioteca — novamente, por razões essenciais.

Muito curiosamente, Borges decide citar a si mesmo na história, e permite que ele próprio seja minuciosamente ridicularizado. A citação sem atribuição que motiva algumas das defesas da biblioteca mais eloquentes de nosso autor é quase igualada pelas palavras finais de *A Biblioteca Total.* Sua aparição em *A Biblioteca de Babel* se dá na seguinte forma:

Os ímpios mantêm que o absurdo é normal na biblioteca e que o razoável (e até mesmo a humilde e pura coerência) é uma exceção quase miraculosa. Eles falam (eu sei) da "Biblioteca febril cujos volumes aleatórios estão em constante perigo de se alterarem e afirmam, negam e confundem tudo como uma divindade delirante." Estas palavras, que não só denunciam a desordem mas também a exemplificam, notoriamente provam a ignorância desesperada e o abominável tato de seus autores[17] (Borges, 1964, p. 57).

Vêm à mente a confissão de Borges: "Eu até mesmo secretamente ansiei por escrever, sob um pseudônimo, uma declamação impiedosa contra mim mesmo" (Borges, 1971, p. 185). Incertezas abundam. Em primeiro lugar, eu nunca fui capaz de dizer se Borges, falando em *A Biblioteca Total,* se referia à biblioteca universal que estava descrevendo, ou a uma estrutura de pesadelo separada, cujos livros literalmente teriam letras que trocam de posição e alteram-se diante dos olhos de um leitor. Se ele fala da biblioteca universal, o "perigo de alterarem-se" deve se referir a algo como a necessidade da interpretação. Além do mais, estamos novamente em uma situação (assim como no conjunto de caracteres) em que a não-ficção de Borges está sendo questionada por sua ficção, mas neste caso, é o nosso narrador frequentemente falível que a questiona. Estas duas negações produzem uma afirmação? Nosso narrador especifica sua objeção: "Em verdade, a Biblioteca possui todas as estruturas verbais [...] mas nem um único caso de absurdo completo" (Borges, 1964, p. 57). Mas a passagem citada não menciona o absurdo. Para "afirmar, negar", ou até mesmo "confundir", elas devem possuir alguma forma de sentido. Me parece que o ponto de discórdia final se resume ao desejo do narrador de celebrar seu universo. Se um escritor (Borges) fala da indiferença monstruosa e da superfluidade de seus conteúdos, outro escritor (Borges?) celebrará seu potencial copioso.

A Biblioteca deveria ser celebrada ou ultrajada? Talvez outro de seus textos possa nos ajudar a compreender a relação desta valorização com a repetição, a novidade, e a temporalidade. O narrador se recorda de um livro de pura linguagem sem nexo, com a exceção da frase *"Oh tiempo tus pirámides"* em sua penúltima página. Irby e Hurley traduzem esta frase utilizando o

---

17 É somente ao ignorar diversas camadas de ironia que alguns críticos placidamente conseguem citar esta passagem como um exemplo de "caos" na obra de Borges.

pronome elevado, como em "Oh tempo, tuas pirâmides"[18], presumivelmente por reconhecerem a referência ao Soneto 123 de Shakespeare. No poema precursor, as pirâmides do tempo se referem a tudo o que é, e então é deixado para trás no tempo, enganando a profunda permanência sob tudo:

> Não, Tempo, não dirás que eu haja de mudar:
> Pirâmides que ergueu um mais atual rigor
> De novo nada têm, nada de singular:
> São mero adorno de espetáculo anterior (Shakespeare, 2012, 119).

Neste soneto, a negação da suposta novidade trazida pelo tempo, atingida pela persona lírica, para ser "verdadeira" à permanência sob tudo, representa uma fé em Deus além deste mundo de aparições. Borges, quando empresta desta figura, permite-a se transformar, apesar de qualquer repetição aparente em seu gesto. Além de sua aparição em *A Biblioteca de Babel,* as pirâmides do tempo aparecem em um poema posterior, *Do Inferno e do Céu.* Enquanto neste poema também é postulado algo divino jazendo sob a temporalidade e seus conteúdos, o divino não é de maneira alguma unitário:

> No cristal de um sonho eu vislumbrei
> o Céu e o Inferno todo prometidos:
> ao retumbar o Juízo nas trombetas
> últimas e o planeta milenário
> for esquecido e bruscas já cessarem
> ó Tempo! tuas efêmeras pirâmides,
> teu colorido e linhas do passado
> definirão na treva um rosto imóvel,
> adormecido, fiel, inalterável
> (o da amada talvez, quiçá o teu)
> e a contemplação desse incorruptível
> rosto contíguo, intacto e incessante

---

18 Em inglês: *Thy,* forma arcaica do inglês [N. do T.]

há de ser, para os réprobos, Inferno,
porém para os eleitos, Paraíso (Borges, 1989, p. 51).

Borges toma essa ideia emprestada de Swedenborg, que só há
um destino final, mas ele seria um inferno insuportável para as
almas corrompidas, e um paraíso para os escolhidos. Agora, o
"Borges" que escreveu *A Biblioteca Total*, que pode ou não ser
o mesmo autor que ironizou as opiniões que expressou em seu
conto e em diversos ensaios posteriores, compara a biblioteca
universal com o Inferno:

> Um dos hábitos da mente é a invenção de imaginários horrí-
> veis. A mente inventou o Inferno, ela inventou a predestina-
> ção ao Inferno, ela imaginou [...] máscaras, espelhos, óperas,
> a Trindade teratológica: o Pai, o Filho, e o insolúvel Espírito,
> articulados em um único organismo... Eu tentei resgatar do
> esquecimento um horror subalterno: a vasta e contraditória
> Biblioteca (Borges, 1999k, p. 216).

É claro, como já vimos, que o narrador de *A Biblioteca de Babel* ridiculariza esta opinião, e celebra a vastidão da criação que
ele habita. O narrador tem a visão mais Shakesperiana de uma
mente divina e de uma vontade sob o aparente caos da biblioteca, terminando por garantir seu significado e objetivo. Mas
talvez haja outro destino, em ambos os sentidos da palavra,
dentro desta mesma estrutura, um que não dependa da totalização para redimir o que aparenta ser finito ou falho. Ao invés
de lamentar ou praguejar contra a disseminação de significado
em tantos textos instáveis, poderia isto ser uma fonte de liber-
tação e satisfação, para um leitor não mais sobrecarregado pela
verdade e a falsidade? Talvez a mudança de registro, da rejeição
de Shakespeare (Não! Tempo...) para o "Oh, tempo...," mais ansioso de Borges represente esta reconciliação com suas criações
efêmeras. Como se estivesse dizendo, "Oh tempo, eu sei que não
és nada, mas tuas pirâmides...".
Embora seja possível continuar eternamente, encontrando
os traços de qualquer predecessor ou epígono nesta biblioteca

que contém toda a textualidade, até mesmo a que ainda está por vir, vamos concluir com uma referência ao todo. Em uma de suas muitas passagens afirmando a infinidade da biblioteca, nosso narrador escreve, "Que baste, por enquanto, que eu repita o dito clássico: *A Biblioteca é uma esfera cujo centro exato é qualquer um de seus hexágonos e cuja circunferência é inacessível*" (Borges, 1964, p. 52). Em sua dissertação *A Esfera de Pascal*, Borges encontra uma frase quase idêntica em uma série de autores quase coextensiva com o registro textual. Usada alternadamente para se referir a Deus, o universo, ou a natureza, sob a caneta de Pascal ela se tornou "A Natureza é uma esfera infinita, o centro da qual está em toda parte, e a circunferência em parte alguma" (Borges, 1999h, p. 353). Notando que a tradição medieval usava esta fórmula para celebrar a imanência e transcendência de Deus, e que uma tradição no início da modernidade a usou para celebrar a perfectibilidade do conhecimento humano, ele encontra uma mudança notável em Pascal, que hesitou ao chamá-la de "assustadora", "espantosa". Pascal, como sabemos, reagiu contra o Cientificismo de Descartes e a aplicação de um método geométrico à filosofia — o *mathesis universalis*. Este método, que fingia ser uma base inabalável (*fundamentum inconcussum*) para o conhecimento absoluto sobre o absoluto, foi criticado pelo ainda assim fiel Pascal, que sentia a ânsia e a incerteza sobre a finitude do conhecimento. Não sabendo como começou ou como terminaria, esse centro ignorante de suas extremidades se expressou com o modelo da esfera infinita. Representar a biblioteca do ponto de vista da experiência finita é o que separa Borges de seus predecessores como Lasswitz, que meramente imaginavam sua extensão. O desejo de infinitude, vindicação, e justificação que obcecam nosso narrador é somente esse desejo por um chão absoluto, um acesso ao infinito que poderia assegurar e servir de âncora para todos os julgamentos finitos. Quando ele reza para um Deus desconhecido para que algum bibliotecário encontre um livro total — um catálogo completo da biblioteca — ele está pedindo ao menos pela possibilidade desta base: "Permita-me ficar ultrajado e permita que eu seja aniquilado [isto é, finito], mas por apenas um instante, em um ser, deixe a Sua enorme Biblioteca ser justificada" (Borges, 1964, p. 57). A impossibilidade deste catálogo é o que devemos considerar em conclusão.

Babel

É possível que tenhamos retrocedido em nossa análise o suficiente para atingir uma posição privilegiada ao observar o passado, para tentar fazer uma pergunta sobre o título que tanto afirma, por sua presença, a unidade de seus conteúdos, como questiona esse mesmo fato, ao nos colocar dentro de Babel. Mas quanto precisamos retroceder para poder observar a totalidade[19]? A questão de Babel, tanto a torre como a biblioteca, é precisamente de totalidade ou unidade — é possível para a humanidade possuir uma língua em comum? Seria isso tão simples quanto encontrar uma estrutura unitária (o que, como já vimos, a biblioteca não é)? A história de Babel pergunta se os humanos seriam capazes de dar um nome a si mesmos como um ato soberano, autônomo e intencional, ou se devemos receber a linguagem de uma fonte mais poderosa, recebendo-a como um fardo, uma punição, e uma dívida. O título, *A Biblioteca de Babel,* apresenta o mesmo problema: um nome que nunca aparece dentro do texto, e que aparece tanto em sua primeira e segunda impressão em maiúsculas, como se nenhuma letra pertencesse ao universo da narração, nos deixa ponderando se ele originou-se dentro do mundo da história, ou se foi imposto por algo do lado de fora, como se por um Deus invejoso.

---

19 Tudo contido nestas páginas poderia ser visto como uma elaboração inútil e prolixa sobre *Um Mestre Moderno,* por Paul de Man, em que o tema constante de vilania, revelação, e traição na obra de Borges é interpretado como uma representação da perfídia necessária do artista, cuja tarefa é suplementar a existência com o simulacro da totalidade, sob a forma de arte. A afirmação feita por de Man sobre a palavra de Nietzsche vem à mente: "Somente como um fenômeno estético são a existência e o mundo justificados eternamente": a citação famosa, repetida duas vezes em *O Nascimento da Tragédia,* não deve ser encarada serenamente, pois é uma acusação à existência, ao invés de um elogio solene à arte (De Man, 1979, p. 93).

Na Bíblia, a tarefa da construção da torre de Babel se desenvolve a partir de um desejo de unidade: "Venham, vamos construir uma cidade, com uma torre que alcance os céus. Assim nosso nome será famoso; do contrário seremos espalhados pela face da terra" (Gênesis 11:4). "Tornarem-se famosos" traz muitos significados: eles não serão espalhados — isto é, seus familiares e descendentes terão um único lar e manterão seu único nome, e esta unidade terá seu símbolo em um edifício que é único, e une a eles todos. Um edifício que atinja os céus. Deus previne isto não somente ao interromper sua construção, mas ao lhes dar nomes particulares:

> E disse o Senhor: "Eles são um só povo e falam uma só língua, e isto é só o início do que eles farão; nada que eles proponham fazer será impossível para eles.
> Venham, desçamos e confundamos a língua que falam, para que não entendam mais uns aos outros".
> Assim o Senhor os dispersou dali por toda a terra, e pararam de construir a cidade.
> Por isso foi chamada Babel, porque ali o Senhor confundiu a língua de todo o mundo. Dali o Senhor os espalhou por toda a terra (Gênesis 11:6–9).

Somente o infinito, Deus, pode dar um nome a Si mesmo, e um nome que seria um. Como já vimos, este nome permanece um segredo para suas criaturas. Devemos receber nossos nomes, e eles nunca poderão ser unívocos, como o exemplo de Babel demonstra. Como Derrida explica em *Des Tours de Babel*, o nome recebido é tanto um nome próprio, uma marca sem conceito correspondente, logo intraduzível, como um substantivo comum significando confusão (Derrida, 2002, p. 19). Assim ele recusa tradução (embora os homônimos em inglês Babel/*babble*[20] cheguem muito perto de fazer justiça a ele) e também exige uma tradução, até dentro de sua língua original. É necessário explicar, colocar duas ou mais palavras no lugar de uma, para

---

20 Babble: em português, "balbuciar". [N. do T.].

"traduzir" este "interior" de uma língua ou entre duas línguas. Assim, podemos tomar isso como um exemplo da impossibilidade de identificar uma língua como única, singular ou unitária. Isso modela e promulga o destino da humanidade após Babel, para quem Deus "impõe e interdiz ao *mesmo tempo* a tradução" (Derrida, 2002, p. 18). A Biblioteca de Babel apresenta a mesma condição, em que a tradução ou a transposição de fronteiras — por exemplo, do finito ao infinito — é ao mesmo tempo necessária e impossível.

Os bibliotecários de nossa história se encontram dentro de uma arquitetura contínua (embora, como vimos, nunca singular) cuja espiral se estende infinitamente — estariam eles, então, em uma torre de Babel completa? Mas Borges nos mostra que a unidade da linguagem e da genealogia insinuadas até agora são impossíveis por razões essenciais, e não meramente devido aos caprichos de um Deus invejoso. As seitas e dialetos que aparecem entre os bibliotecários e dentro de seus textos internamente diversos atestam a impossibilidade desta união. Nosso narrador nos diz que a diferença linguística flexionou as interpretações dos textos da biblioteca, em um parágrafo que ecoa outra ficção Babeliana, *A Grande Muralha da China,* de Kafka:

> Os homens mais antigos, os primeiros bibliotecários, usavam uma língua muito diferente da que falamos hoje em dia; é verdade que a algumas milhas para a direita, a língua é dialética, e noventa andares acima, ela é incompreensível (Borges, 1964, p. 53).

Estas diferenças e essa *confusão* podem ocorrer, como sabemos, entre falantes da "mesma" linguagem ou dialeto, e assim cada idioma possui divisões ou diferenças internas. Em parênteses adicionados à segunda edição, nosso narrador explora a impossibilidade de assegurar a unidade de uma linguagem:

> Um número *n* de linguagens possíveis usam o mesmo vocabulário; em algumas delas, o símbolo *biblioteca* permite a definição correta de *um sistema onipresente e duradouro de*

galerias hexagonais, mas biblioteca significa pão ou pirâmide ou qualquer outra coisa, e estas sete palavras[21] que a definem têm outro valor. Você que está me lendo, tem certeza de que compreende minha língua (Borges, 1964, p. 57–58)?

É claro, notamos imediatamente que sua definição de *biblioteca* difere da nossa, e que seu entendimento de *pão* ou *pirâmide* permanecem incertos, dada a ausência de comida neste universo e a afirmada impossibilidade do triângulo. Até mesmo as "mesmas" palavras, sem nenhuma marca que as separe, podem conter, admitir, ou permitir uma quantia infinita de linguagens. O único erro de nosso narrador é atribuir isso à totalidade da biblioteca, ao pensar que ela poderia de alguma forma conter "todas" as linguagens.

A religião não faz um trabalho melhor em unir os bibliotecários do que a linguagem. Os Inquisidores, os Purificadores, e aqueles que buscam o Homem do Livro estão em desacordo sobre o correto uso, interpretação, e consideração da Biblioteca que nunca são meramente doutrinais, como atestam as diversas referências a morte violenta na história. O que cada seita combate é a dispersão ou disseminação do significado. Em lugar da dispersão entre diversos livros, "Os místicos alegam que o seu êxtase lhes revela uma câmara circular contendo um grande livro circular, cuja lombada é contínua e que segue a curvatura completa das paredes [...]. Este livro cíclico é Deus" (Borges, 1964, p. 52). Um livro individual e não-interrompido, em uma câmara individual e completa, é a visão muito desejada da verdade que contrasta com aquela escondida entre prateleiras e volumes sem fim. Os Purificadores tinham a esperança impossível de destruir livros até que atingissem "os livros no Hexágono Escarlate: livros cujo formato é menor do que o normal [*que los naturales*], todo-poderosos, ilustrados e mágicos" (Borges, 1964, p. 56). Uma referência estranha — este hexágono de cor única

---

21 Sete no texto original. Irby utilizou oito palavras para traduzi-las, adicionando o artigo no início da frase. Ele também é o tradutor discalcúlico que colocou 35 livros em cada uma das estantes da biblioteca.

poderia se referir ao processo de miniaturizar, e assim esses ma-
nuscritos "ilustrados" também seriam "menores do que o natural" — miniaturas. Seria possível traçar uma referência a uma
das obras de literatura favoritas de Borges: *O Sonho da Câmara
Vermelha* ou *A História da Pedra*. De qualquer forma, podemos
reconhecer um desejo análogo àquele dos místicos, de descobrir
um livro ou livros que seriam únicos, que poderiam ser entendidos como especiais assim que fossem vistos, nos quais a força de
sua verdade nos cobriria por completo ("todo-poderoso", "má-
gico") sem a chance de longas interpretações.

A seita mais problemática e reveladora destas é a que busca
o Homem do Livro, o bibliotecário que teria descoberto e lido o
catálogo supremo da biblioteca, e assim seria onisciente. Devemos considerar, ao refutar esta crença, não a sua improbabilida-
de, mas a sua impossibilidade. No que constituiria um catálogo-
-mestre? Com o que ele se pareceria, e como alguém saberia que
outro alguém o encontrou? Como nosso narrador nos ensinou,
nunca se pode ignorar um livro como sem significado, e qualquer texto pode receber qualquer significado, alegoricamente
ou criptograficamente. Como, por exemplo, seria classificada a
epístola do bibliotecário, "palavrosa e inútil"? Como ficção ou
filosofia, fantasia ou autobiografia? Seu tema seria a infinidade ou a finitude inescapável? O mesmo problema encarado por
Barrenechea (ver n. 5, acima) ao planejar categorias para conter
símbolos mutáveis e indecidíveis é encarado por qualquer bibliotecário (nesta história ou fora dela) que tente separar um
catálogo verdadeiro ou de qualidade de um catálogo falso. Borges examinou a mesma impossibilidade em seu famoso ensaio
sobre *A Linguagem Analítica de John Wilkins*. Wilkins sonhava
em construir uma linguagem em que cada letra seria motivada
ou teria um significado — por exemplo — "a significa animal; *ab,*
mamífero; *abo,* carnívoro; *aboj,* felino; *aboje,* gato; *abi,* herbívo-
ro; *abiv,* equino; etc." (Borges, 1942, p. 230). Tal linguagem só é
possível se nossa estrutura conceitual for absoluta, e assim nos
evade no aqui-abaixo. Para aqueles entre nós que ainda se disse-
minam como as sementes ou cacos dos Babelianos espalhados,

"não há universo no sentido orgânico, unificador daquele mundo ambíguo" (idem, p. 231).

Não-Ficção?

Eu estava contemplando *A Biblioteca de Babel* uma noite, considerando como ela trata a linguagem como um processo puramente mecânico e combinatório, e pensei — isso daria um aplicativo e tanto. Criei então um website, libraryofbabel.info, que atualmente contém todas as páginas possíveis de 3200 caracteres, usando o conjunto de símbolos das vinte e seis letras minúsculas, o espaço, a vírgula e o ponto. Ele recebeu alguma atenção da imprensa, que tende a emoldurar sua existência como se a tecnologia tenha tornado possível uma realidade que anteriormente era somente fantasia. Por exemplo, o seguinte texto apareceu num artigo do *Slate* com o título "'A Biblioteca de Babel' de Borges Agora é um Site Real. Borges Estaria Alarmado... Mas ainda assim: Borges pretendia que sua história fosse irônica — assombrosa pois era impossível — então ele certamente se sentiria alarmado ao saber que estamos um pouco mais perto de sua realização". Eu permaneço cético a respeito desta interpretação, que parece ser um produto da mistificação da tecnologia em nossa cultura. Como consideramos no capítulo anterior, a biblioteca de Borges falhou em corresponder às suas pretensões universais por motivos essenciais, não acidentais (logo, libraryofbabel.info também falha). Também é o caso de que a propriedade da iterabilidade ou repetibilidade, pertencendo a, ou atrapalhando a essência da linguagem, é o que torna possível tanto o seu conto como o website. Agora, nos voltaremos a uma consideração desta essência ou não-essência da linguagem como ela se revela na história de Borges, em seu avatar virtual, e nos contextos eternamente se transformando, que a linguagem tanto permite quanto subverte.

O que significaria para a biblioteca universal existir? Ela foi imaginada como um recipiente de toda a expressão possível, uma totalidade que não obstante desafia a possibilidade. Como deveríamos encarar, então, os efeitos que ela tem em seus usuários? Os bibliotecários de Borges achavam que só podiam interagir com a linguagem através da repetição e da descoberta — a invenção foi negada a eles pela totalidade de sua biblioteca. Visitantes de libraryofbabel.info comumente atingem uma conclusão similar sobre a desconstrução da diferença entre invenção e descoberta, dizendo que agora tudo foi escrito, que a linguagem é, a partir de agora, possível sem nós, e que eu possuo os direitos autorais sobre todos os textos anteriormente não-escritos, enquanto simultaneamente violei todos os direitos autorais já existentes. Mas a linguagem não se torna repetição como um resultado da exaustão da possibilidade (algo essencialmente proibido); ao invés disso, a iterabilidade reside em sua origem.

Este princípio é mais visível quando testemunhamos todos as nossas possíveis falas, pensamentos ou escritos, reproduzidos mecanicamente sem o recurso das intenções de um autor. Deveríamos reconhecer não que alguma máquina ou programa deslocou nossas intenções e sua anterior necessidade, mas ao invés disso, que a linguagem sempre foi possível sem nós. A iterabilidade é esta capacidade de tudo o que funciona como um signo poder ser retirado de seu contexto motivador, de poder substituir seu falante, recipiente, ou referente por qualquer outro, ou por nenhum. Esta é uma propriedade essencial de um significante — para funcionar como tal, ele deve ser reconhecível em contextos diferentes, a partir deste ou daquele orador, falado ou escrito, em tons diferentes de voz, em fontes tipográficas diferentes, a partir de homens ou mulheres, etc. Ainda assim, não devemos ser seduzidos pelos sonhos dos filósofos, de que um signo corresponderia a um significado puro e separado, eterno e imutável, independentemente da forma que sua expressão toma. Esta linguagem dos anjos, se comunicando imediatamente através de pensamento e sem signos, permitiria a saturação da expressão possível, caso ela própria fosse possível. Mas o gesto voltado ao infinito que fazemos ao reconhecer e identificar signos diferentes, como a caligrafia trêmula de nosso narrador e a escrita simétrica de Deus, sempre se demora nesta divisão, carregando consigo um pouco do significado do contexto que está deixando.

Como Derrida diz, marcas permanecem "separáveis de seus contextos internos e externos e também de si mesmas, tanto quanto a mesma iterabilidade que constitui a sua identidade nunca as permite ser uma unidade que é idêntica a si mesma" (Derrida, 1977, p. 10). Nem podemos controlar um signo ao restringir o seu contexto — os contextos em potencial são inexauríveis, mesmo que o contexto em geral seja inelutável (ou talvez devido a isso).

Para qualquer coisa funcionar como signo, símbolo ou marca, ela deve ter esta propriedade da iterabilidade, o que significa que para nós falarmos ou escrevermos de qualquer forma, devemos nos expressar com símbolos que permanecem mecanicamente reproduzíveis, e capazes da citação, da paródia etc. Se a linguagem fosse de algum modo presa ao seu contexto motivador e à referência literal, tudo o que parte disto, como imaginação, ironia, ficção, mentiras e assim por diante, seria impossível. O conto de Borges, assim, não é um entre muitos, mas sim a história de toda a literatura, e com ela, toda a realidade. Esta ou aquela biblioteca universal, a minha ou a de Borges, podem ter os seus limites e barreiras, mas tudo em princípio senta-se na prateleira da biblioteca universal que reside na essência da linguagem.

Sobre libraryofbabel.info, que talvez não exista

Dado o seu conjunto de caracteres e dimensão, libraryofbabel. info contém $29^{3.200}$ páginas únicas, ou cerca de $10^{4.677}$. Para comparação, o nosso universo contém somente 10^{80} átomos. Seriam necessários muitos universos de discos rígidos para armazenar todas as suas páginas eletronicamente. Isso levanta algumas questões necessárias sobre a possibilidade ou realidade de sua existência. Ao considerar o algoritmo utilizado para contornar essa impossibilidade, nosso foco estará em erguer a questão do arquivo virtual, e como ele complica nossa noção de presença e ausência.

Quando eu construí o website pela primeira vez, armazenei arquivos de texto gerados aleatoriamente em disco, pois minhas habilidades de programação não eram sofisticadas o bastante para fazer algo mais complexo. Cada URL para uma página de texto continha o nome de um arquivo de texto em meu computador, e quando uma página de texto era requisitada, o servidor abria aquele arquivo, recuperava o texto, e o enviava para o usuário. Após gerar um milhão de arquivos de texto, meu disco rígido estava cheio, e eu precisei pensar em um novo método.

Eu criei um algoritmo que poderia gerar uma página de texto ao tomar o número do índice como entrada, sem precisar armazenar nada[1]. O número do índice era indistinguível daqueles que costumavam se referir ao nome de um arquivo armazenado em disco, e o resultado era o mesmo — cada vez que um usuário visitava um "local" na biblioteca (os índices contém um nome para o hexágono, parede, prateleira e volume), eles viam a mesma página de texto ali. O algoritmo gerando o texto era um gerador de números pseudo-aleatório que usava o índice

---

[1] Para aqueles interessados em maior detalhe: imaginem uma função que poderia tomar qualquer número e convertê-lo em uma fórmula representada pelo conjunto de caracteres da biblioteca. O número resultante é uma representação de base 29 da entrada — logo, 1 se torna a, 2 se torna b, 3 se torna c, 30 se torna aa, e assim por diante até que se atinja 293.200, que corresponderia a uma página de 3200 pontos finais. Este algoritmo pode gerar cada permutação de uma página de texto, e não armazena nada no disco do computador, mas ele não possui a aleatoriedade essencial à biblioteca de Borges. Para restaurar essa irracionalidade, eu criei um gerador de números pseudo-aleatório (PRNG) que aleatoriza a relação do índice com o texto. O número do índice é usado como o valor de entrada para este algoritmo, que produz um número de qualquer tamanho entre 0 e 293.200. Este valor de entrada aparentemente aleatório é então convertido em uma página de texto (um número de base 29). O algoritmo PNRG que eu usei é inversível, ou seja, é possível tomar uma página de texto e calcular a fórmula de trás para frente para calcular seu índice na biblioteca. É assim que uma "busca" é realizada.

como valor de entrada, significando que à medida que os usuá-rios avançavam através da biblioteca, o que eles viam aparentava ser aleatório, assim como antes. Na prática, nada havia mudado, embora sob esse sistema, quase nada existia.

Para analisar a questão ontológica da presença ou ausência deste arquivo digital, é útil compará-lo com formas digitais com as quais temos mais experiência. Muitos usuários compartilham a reação inicial de que, se nada que imediatamente se pareça com essas páginas de texto é armazenado em disco, então elas não devem existir. Mas considere um arquivo digital mais típico, como as posses de uma biblioteca digital comum. Seus textos são armazenados em formatos binários em discos rígidos, pro-vavelmente com alguma forma de compressão, e só existem em formato legível uma vez que um arquivo seja aberto. Entretanto, não ocorreria a nós que, quando fechamos um arquivo PDF, ele deixa de existir, e que somente se torna real a partir do nada quando o abrimos novamente. O algoritmo que torna libraryo-fbabel.info possível não realiza nenhuma compressão, pois o número do índice, que é uma quantidade igual de informação, deve ser inserido para se obter uma página de texto. Eles são similares, entretanto, pois ambos tornam uma vasta quantidade de informação disponível, e apresentam essa informação neste sentido virtual e digital.

Vamos experimentar o jogo do acidente e da essência com este arquivo. Por exemplo, se o gerador de números aleatórios fosse removido, e criasse páginas de texto começando somente com a letra a, seguida por b, e então c, e continuasse até páginas de enorme comprimento, com seu único limite sendo a memó-ria RAM do computador convertendo números para textos, seria isso um arquivo de textos presentes? E se não houvessem índi-ces numéricos, mas ao invés disso, um usuário "pedisse" uma página ao inserir um bloco de texto e aquele bloco de texto fosse o conteúdo exato da página? Isso seria um arquivo? E quanto à página em branco, que armazena in potentia toda e qualquer página possível? Devemos dizer que o espaço, ou o que os gre-gos chamavam de χώρα, usualmente traduzido como "lugar", é um arquivo de todas as permutações materiais possíveis, e que,

Fig. 6 — Uma imagem aleatória acessada em babelia.libraryofbabel. info. Babelia #4973828821858677.

assim, estariam todas constantemente presentes? Afinal de contas, o espaço pode ser demonstrado como admitindo todos os conteúdos possíveis.

Devemos concluir não que podemos nem devemos criar critérios rigorosos para o "existir", mas sim que a presença ou ausência são termos que podem ser desconstruídos, sem bases absolutas. Presenças virtuais foram um lembrete desta instabilidade muito antes de tomarem uma forma digital ou computacional, quando eram restritas, por exemplo, a espelhos, córregos e sonhos. Ao considerar a impossibilidade da totalidade ou universalidade e complicar as chances de novidade (a presença do novo), devemos ter em mente que o significado de "ser" também está sendo retido.

Imagem e Texto

Quando completei a biblioteca textual, eu reconheci que o código que havia criado poderia ser aplicado a qualquer domínio da experiência, e meu desejo de permutar cresceu. Eu comecei a trabalhar nos Arquivos de Imagem Babel (https://babelia. libraryofabel.info/), que agora contém todas as imagens possíveis com 4.096 cores e com uma dimensão de 640 por 416 pixels — cerca de $10^{961.755}$ no total. O funcionamento do arquivo de imagens é quase idêntico. Ao invés de representar um número com um conjunto de caracteres, as 4.096 cores representam os valores diferentes que podem ocupar cada posição — e as colunas e fileiras de pixels, como as linhas de texto, são os dígitos sequenciais. Cada imagem é essencialmente um número de base 4.096. A vasta maioria delas não se parece com nada mais do que estática colorida (ver Fig. 6).

Essa indistinguibilidade é uma função da entropia. Qualquer imagem representacional deve ter áreas das mesmas cores, ou de cores similares, o que seria tão raro quanto encontrar uma página aleatória nos arquivos textuais que só contivesse a letra a. Ainda assim, os arquivos de imagem contêm representações digitais de todas as obras de arte do passado e do futuro, fotografias de todos os eventos que acontecerão no futuro, e todos aqueles que não acontecerão. A extensão da iterabilidade ao campo visual perturba a representação clássica da distinção entre linguagem e experiência. De acordo com essa tradição, a linguagem é uma representação da realidade, enquanto a experiência sensorial providencia acesso mais imediato às coisas. O arquivo de imagens desconstrói esta distinção — uma experiência visual indistinguível da "real" continua sendo possível na ausência de qualquer contexto motivador, incluindo a presença da coisa que ela busca representar ou apresentar. Novamente, as ilusões, as miragens, a fantasia, o sonho, a arte representativa, o espelho e todas as reflexões só são possíveis porque a iterabilidade habita a essência da experiência visual.

A iterabilidade gera unidades aparentemente distintas, signos que podem ser repetidos. Os elementos básicos da linguagem são letras ou palavras — mas quais são os componentes do visual? Não devemos assumir erroneamente que a iterabilidade só pode afetar a visão em sua forma digital, quando uma imagem é codificada como pixels, cada um deles contendo informações definidas sobre sua cor. Se há limites para o que pode ser representado nos Arquivos de Imagem Babel, isso não significa que o que jaz fora destes arquivos também jaz além do alcance da iterabilidade. Podemos reconhecer imediatamente que uma reflexão ou fotografia reproduz a realidade fielmente e comumente de forma indistinguível, e assim que a citacionalidade do visual não espera pela aparição de nenhuma tecnologia, que dirá da tecnologia digital, mas ao invés disso torna a prótese técnica possível.

Podemos discordar a respeito da capacidade da experiência cotidiana ou científica de revelar uma camada mais fundamental da realidade, mas em ambos os casos o lugar essencial da iterabilidade pode ser observado. A experiência cotidiana encontra um mundo de objetos e, através da aplicação da abstração, um mundo de cores. Ambos os domínios da experiência visual são divididos por conceito, que é em si uma estrutura iterável. Tudo o que falamos anteriormente sobre o símbolo é verdade sobre o conceito: ele deve ser reconhecível através de um número potencialmente infinito de instâncias, apesar das transformações de contexto. O mundo experiencial da cor reconhece um campo semelhantemente conceitualizado, em verdade, um campo que é mais diferenciado ou empobrecido dependendo do refinamento do conhecimento sobre cores do observador. Nada muda em relação a iterabilidade quando tentamos definir este campo cientificamente. Podemos definir a cor como a impressão de uma quantidade de energia, constituindo algo que é tanto onda como partícula, somente baseados na acessibilidade de tal entidade para o nosso conhecimento ou experiência. Como um resultado semelhante surge de experimentos semelhantes (baseado na receptividade de um experimentador ou sensor mecânico), podemos formar um conceito e uma lei matemática para definir esta entidade. A repetibilidade é essencial para sua condição de empiricamente verificável e cientificamente válida.

Para qualquer coisa escapar da iterabilidade, não é suficiente apontar os limites contingentes de nossas reproduções técnicas ou conhecimento atual. Sempre existirão deficiências em nossas tentativas de totalizar, como os limites do conjunto de caracteres e do tamanho de uma página em libraryofbabel.info ou o número de cores e as dimensões de pixels nos arquivos de imagens. Mas uma nova letra, palavra, ou som podem ser adicionados às nossas linguagens visuais ou verbais somente se puderem ser reconhecidos como tal, e assim, somente se estiverem abertos à repetição. Ainda assim, podemos ver que nem a experiência sensorial nem a linguagem dão acesso a uma base de conhecimento fundamental. O que se conforma à nossa percepção ou conhecimento, seja como verdade verbal ou visual, é um representativo, algo inferior em pelo menos um grau ao imediatismo imaginado das coisas. Sua iterabilidade atesta a sua falta de uma base absoluta — ela é igualmente possível na ausência das coisas. Ainda assim, apesar de só ter acesso a um mundo e um conhecimento de coisas e conceitos que são totalmente sem âncora, o finito depende do infinito que o transcende. Um universo composto somente de símbolos não seria internamente consistente, pois nada motivaria o advento contínuo de chegada e partida que chamamos de fluxo do momento presente. Nosso mundo de emissários sugere essa dimensão de coisas absolutas, mas para se comunicarem conosco elas devem se conformar aos nossos aparatos sensoriais e estrutura conceitual. Assim, nossa experiência depende do que permanece inacessível a nós.

Atomismo e o Eterno Retorno

Há um sistema filosófico que tenta descrever um universo de elementos discretos, e um outro que Borges conectou explicitamente à ideia da biblioteca universal: a tradição atomista. De acordo com os atomistas, a grande complexidade da experiência humana é possível sob a perspectiva de interações de um pequeno grupo de partículas básicas, que se combinam em números e posições diferentes para formar estruturas macroscópicas. Em *A Biblioteca Total*, a dissertação que Borges escreveu dois anos antes de *A Biblioteca de Babel* para mapear a história da ideia de que a linguagem é possível como um processo combinatório, ele descobre os filósofos atomistas como seus antepassados mais antigos. Entre outros motivos, isso deve nos interessar pois, como foi argumentado no primeiro capítulo, esta ideia é mais antiga do que qualquer uma de suas instâncias (Borges nega sua autoria, e eu certamente também o faço). Dado que os atomistas são filósofos pré-Socráticos, cujos escritos foram perdidos e cujas ideias foram registradas somente em fragmentos e testemunhos de escritores clássicos, podemos dizer que esta ideia se originou *antes da letra*. Como uma analogia de sua visão da interação dos átomos respondendo pela experiência sensorial, eles descreveram a linguagem como um sistema em que as permutações de um conjunto básico de elementos (as letras) são responsáveis por toda a complexidade do significado possível. Como exploramos na seção anterior, nada que se apresenta à nossa experiência visual ou verbal pode escapar da estrutura atomista; ainda assim, nossa tese será a de que, se houver algo como invenção ou novidade, isso será dependente da divisibilidade do átomo.

Também é em *A Biblioteca Total* que Borges menciona explicitamente a relação entre a biblioteca universal e o eterno retorno. Ele escreve, "ela [a Biblioteca Total] é um avatar tipográfico daquela doutrina do Eterno Retorno que, adotada pelos Estoicos ou Blanqui, pelos Pitagóricos ou por Nietzsche, eternamente retorna" (Borges, 1999k, p. 214)[2]. Embora possamos associar o pensamento do eterno retorno a Friedrich Nietzsche, a ideia tem uma história muito maior, e em sua formulação mais antiga, é baseada em pré-suposições atomistas (embora sua atribuição mais antiga, de acordo com Borges, seja dos Pitagóricos). Os princípios da tradição do eterno retorno atomista são os seguintes:

1. Dado um conjunto finito de átomos, ou um universo (τὸ πᾶν) infinito, dividido em mundos (κόσμοι) compostos de conjuntos finitos de átomos,
2. Tempo infinito,
3. E um universo determinado exclusivamente por causalidade mecanicista,

então os átomos que compõem nosso mundo irão necessariamente exaurir suas permutações possíveis, e elas começarão a se repetir. Como não há causalidade inteligível (livre-arbítrio ou

---

2 Enquanto Kane X. Faucher em *O Efeito do Clinâmen Atomista na Constituição da Biblioteca de Babel de Borges* relaciona o conto com a história curta da tradição atomista, ele negligencia o tema do eterno retorno que jaz sob todas as referências de Borges ao atomismo. Faucher identifica a letra como o átomo da textualidade, mas argumenta que o clinâmen do átomo seria a fonte das permutações da biblioteca. Essa ideia Lucreciana é responsável pela presença da coincidência e até da liberdade neste universo, e assim, contradiz as bases mecanicistas e combinatoriais do eterno retorno. Sua identificação de um universo infinito e cíclico como "Aristotélico" (Faucher, 2007, p. 143) também é uma atribuição errônea. Se não observar-se muito atentamente, pode-se fazer Aristóteles se assemelhar aos atomistas até esse ponto, mas ele explicitamente repreendeu a doutrina atomista, pois ela postulava a mera aparição da teleologia sem nenhuma intencionalidade. Embora ele esteja correto ao questionar a verificabilidade das pretensões universais de nosso narrador, as conclusões de Faucher de que os textos da biblioteca possuem um "valor de verdade igual a zero" e sua defesa de um método de leitura "hiperlinguístico", "anagógico" através do qual "a elevação do espírito em relação ao texto" supere a "absoluta falta ou lacuna" deste último, demonstra maior mistificação ideológica de sua parte (Idem, p. 145).

intervenção divina) para alterar o curso dos eventos, a totalidade da história natural e humana se repetirão infinitamente na mesma ordem. Nós devemos escutar ecos desta forma de repetição no que chamamos de iterabilidade e sua relação a unidades discretas, elementos atômicos.

Não devemos cometer o engano de achar que a filosofia natural dos antigos pensadores é uma escola de pensamento fora de moda, e que nossa ciência substituiu ou refutou essas teses. A filosofia atomista se desenvolveu em resposta a um problema de pensamento essencial que a ciência ainda não respondeu definitivamente. Ele foi considerado no primeiro capítulo, sob o título das antinomias da pura razão de Kant, como o necessário conflito de razão entre a necessidade de uma substância simples e a impossibilidade de qualquer coisa indivisível aparecer em um espaço e tempo infinitamente divisíveis. Uma substância simples, ou um elemento que não pode ser dividido em mais partes (um *a-tomo*, aquilo que não pode ser cortado), responde a uma necessidade essencial do pensamento. Os antigos olhavam os materiais básicos de seu mundo — por exemplo, madeira — e descobriam um problema: não importava o quanto dividiam essa matéria, no final das contas eles encontravam — madeira menor. Se esse processo pudesse continuar até o infinito, não haveria substância básica da qual madeira e suas propriedades pudessem ser feitas; a estabilidade de toda a experiência macroscópica é questionada se não houver uma substância simples. A solução dos atomistas era simplesmente postular (ou assumir) que átomos indivisíveis existem sob toda a experiência; e as únicas propriedades desses átomos eram a sua forma, posição, e tamanho, e todas as propriedades de todos os objetos se desenvolviam a partir das orientações e disposições desses objetos mais simples. Já podemos perceber um problema nesta teoria — para que os átomos tenham forma e tamanho, eles devem ser ao menos idealmente divisíveis, e seria uma possibilidade, por exemplo, falar dos cantos de um átomo triangular, etc. (Waterfield, 2000, p. 165–66). Essa teoria não foi confirmada, de forma alguma, no início do século XX, quando "o átomo" foi modelado pela primeira vez pelos cientistas. O fato de que hoje

compomos o universo não somente com átomos, mas com partículas sub-atômicas faria um Grego Antigo (ou, como Borges o
define, um filólogo) dar risadas. A propriedade essencial do átomo não é ser microscópico, mas ser indivisível — e ainda não se
sabe se jamais seria possível para algo indivisível se apresentar
à investigação empírica, ou se o melhor que jamais conseguire-
mos fazer é atingir uma camada da realidade que nossa tecnologia e conhecimento não são mais capazes de dividir.

Para se aproximar dos pensamentos de Borges sobre o eterno
retorno, é útil seguir os modos de Nietzsche. Certas tendências
no discurso fugaz e brincalhão de Borges serão mais inteligíveis
quando explorarmos uma técnica similar em seu predecessor.
Talvez a característica mais importante dividida pelos dois autores é uma capacidade de contradizer-se que já observamos em
ação na interação entre a ficção e não-ficção de Borges. Nietzsche também se envolve nesta prática, que questiona as suposições mais fundamentais da tradição filosófica: que a razão seria
uma unidade de pensamento universalmente soberana, e que
o discurso racional sugere um sujeito racional com a mesma
capacidade de contradizer-se. A dificuldade se torna, em vista
desse distanciamento irônico, discernir os contornos de um autor que pode ser múltiplo, mutável, ou que pode não estar em
lugar algum.

Nietzsche

Para entender os escritos de Nietzsche sobre o eterno retorno,
seria útil poder inseri-los dentro de uma arquitetura em que eles
pudessem se encaixar nos outros conceitos principais de sua filosofia. No entanto, tal empreitada começaria por traí-lo. Seu estilo fragmentário é repleto de contradições internas e princípios
irreconciliáveis, chegando ao ponto em que só é possível formar
algo coerente ao negar e tratar violentamente algumas partes do
texto. A mania por divisão e negação nas críticas a Nietzsche,
para criar períodos de seu pensamento que consistem de obras
únicas ou até mesmo porções de um texto, que ignora frases individuais ou aforismos como produtos da loucura, ou que clama

diferenças entre obras publicadas e não-publicadas é, no final das contas, uma tentativa de dividir e conquistar um corpus que já está em um processo de divisão e de conflito interno[3]. Nenhuma dessas categorias jamais poderá estar segura, especialmente numa obra cujo modo básico é o conflito interno. Eu prefiro tentar incluir ou ao menos passar através do maior número de fragmentos conflituosos o possível. O que Nietzsche escreve so-

---

3   De modo algum eu diminuiria o trabalho filosófico que categoriza as datas do corpus espalhado de Nietzsche, que tenta ordenar esboços, revisões, e omissões. Essa é uma tarefa acadêmica importante que pode beneficiar a crítica de Nietzsche. Ele só perde seu rumo caso finja que o seu objetivo é compilar uma obra polida e livre de contradição, para validar ou excluir fragmentos, isso baseado na concordância ou dissonância com uma doutrina supostamente publicada.

   É típico rejeitar um rascunho, um escrito anterior, uma retratação tardia, etc. caso pareçam contradizer o que é entendido como a tendência dominante no corpo da obra de um autor. É claro, a construção dessa interpretação dominante não é neutra, e depende dos próprios atos de exclusão que supostamente deveria justificar. Mas é ainda mais paradoxal executar tal operação com uma obra definida por suas próprias contradições.

   Os maiores absurdos surgem quando a loucura é invocada como motivo para exclusão. Não há marca que separe o discurso do louco daquele do são. Além disso, os aspectos dos fragmentos de Nietzsche entendidos como indicações de loucura são os mais característicos de seu estilo, que tratava a auto-superação e a húbris como um esporte. Walter Kaufmann está certo ao defender muito do trabalho de Nietzsche (tudo desde *Assim Falou Zaratustra* até *Ecce Homo*) de críticos que ignorariam essas obras como produtos da loucura. No entanto, ele realiza dois gestos conectados que põe em xeque essa defesa: a) Ele argumenta não a favor da indecidibilidade da sanidade e da loucura, mas da sanidade da obra de Nietzsche devido a uma "unidade orgânica" contrária ao seu corpus (Kaufmann, 1950, p. 70), e b) Ele permanece aberto a invocar a loucura para desacreditar um fragmento que entra em conflito com suas posições críticas ou editoriais (Idem, p. 455–57). Sua argumentação estranha neste caso merece ser estudada por inteiro, juntamente com todos os lugares em que ele enxerga loucura devido a uma falta de "inibição" em Nietzsche. Por exemplo, quando Nietzsche assina uma carta como "Dionísio", isso é atribuído à loucura que destrói suas "inibições" (Idem, p. 33). Esta jogada com a assinatura só é um sinal de loucura se toda a sua literatura for louca — o homem que assinou o nome "Zaratustra" uma década antes era louco? E quanto ao jovem de dezoito anos de idade cuja autobiografia começou com "Como uma planta, eu nasci perto do cemitério" (citado em Köhler, 2002, p. 1)?

bre o assunto é igualmente verdadeiro quando aplicado ao suposto autor de seu discurso fraturado:

Ponto de partida do corpo e da fisiologia: por quê? — Ganhamos a correta representação da espécie de nosso sujeito-unidade, a saber, como regentes à frente de uma comunidade, não como "almas" ou "forças vitais", bem como de sua dependência em relação aos que são regidos e em relação às condições hierárquicas e de divisão do trabalho como o que possibilita, simultaneamente, os indivíduos e o todo. Da mesma maneira, com essa representação entendemos como surgem e perecem continuamente unidades e como não cabe eternidade ao "sujeito"; do mesmo modo, também, a luta se exprime no mandar e no obedecer; uma determinação fluida das fronteiras do poder é própria da vida. A ignorância em que o regente é mantido a respeito das execuçõeses particulares e mesmo das perturbações do ser comum pertence também às condições sob as quais pode reger. Em resumo, ganhamos uma apreciação também para o não-saber, para o ver em ponto grande e grosseiramente, para o simplificar e falsificar, para o perspectivo (Nietzsche, 2011, p.263).

Sob um corpus, colocamos a unidade de um sujeito somente às custas da dissimulação dessas "perturbações do ser comum".

O Eterno Retorno pode, até certo ponto, contribuir à reavaliação de todos os valores, a resposta de Nietzsche ao niilismo. Ele oferece uma explicação genealógica do niilismo, derivando-o das tradições Cristãs e Platônicas que colocavam todo o valor e verdade em um reino transcendental e imutável. O Ateísmo negava a existência desse reino, mas ele se estabeleceu na Europa sem questionar a primeira premissa do Cristianismo, a de que o nosso mundo era sem valor. Como Nietzsche explica, "Um niilista é o homem que ajuíza que o mundo que é não deveria ser e que o mundo que deveria ser não existe [existiert] " (Nietzsche, 2011, p. 306). O eterno retorno pode contribuir para a superação do niilismo ao subverter algumas suposições cristãs básicas. A Cristandade prevê um julgamento final no fim dessa existência, o que coloca um selo final no valor de nossas ações e existência ao determinar se somos dignos de ser admitidos na imutabilidade eterna do paraíso. Mas de acordo com a teoria do eterno retorno, só existe este mesmo mundo interminavelmente, e assim encontrar um valor nesta existência não é uma tarefa que possa ser deferida ou deixada de lado para um reino transcendente. O Aforismo 341 de *A Gaia Ciência,* a primeira menção explícita ao eterno retorno na obra de Nietzsche, sugere que, do ponto de vista do niilismo, a repetição desta vida é um grande fardo, mas sugere a questão, "E então, como te seria necessário amar a vida e amar a ti mesmo para não desejar mais outra coisa que essa suprema e eterna confirmação, esse eterno e supremo selo!" (Nietzsche, 2006, p. 202).

Outros aspectos da reavaliação dos valores questionam algumas de suas afirmações sobre o eterno retorno. As verdades mais elevadas, de acordo com a tradição clássica que Nietzsche via como a semente do niilismo, são aquelas que são universalmente verdadeiras, independentemente do tempo e espaço em que são testadas, e do observador que as considera verdadeiras. As categorias lógicas são vistas como mais elevadas, de acordo com essa tradição, devido à sua independência das particularidades desta vida — elas se aplicam a tudo igualmente, como nada pode ser sem substância e acidente, quantidade e qualidade, e assim por diante. Mesmo se fossem, de acordo com Aristóteles, dependentes da existência de uma substância, elas não dependem desta ou daquela substância. Ao invés disso, nada pode existir senão como alguma substância, e com alguma dessas categorias se aplicando a ela. Nietzsche inverte esse transcendentalismo, e posiciona as categorias a serviço da vida:

> A força engenhosa que inventou as categorias trabalhava a serviço da necessidade, a saber, da segurança, da compreensibilidade rápida com fundamento em sinais e sons, em meios abreviativos: – "substância", "sujeito", "objeto", "ser", "devir" não implicam verdades metafísicas (Nietzsche, 2011, p. 269).

O que era entendido como valioso por sua independência da vida é reimaginado como possuindo valor exclusivamente devido à vida.

Essa reavaliação complica muitas das afirmações posteriores de Nietzsche sobre o eterno retorno. Estas muitas vezes soam como se fossem tradicionalmente atomistas (embora ela substitua "centros de força" por átomos):

> Se o mundo pode ser pensado como grandeza determinada de força e como número determinado de centros de força — e toda outra representação permanece indeterminada e, consequentemente, inutilizável —, segue-se disso que ele há de perfazer um número de combinações computáveis no grande jogo de dados da sua existência. Em um tempo infinito, cada combinação possível haveria de ser alcançada em qualquer altura por uma vez; mais ainda: ela haveria de ser alcançada infinitas vezes (p. 512).

Este argumento se baseia em cadeias necessárias de causa e efeito, uma das categorias lógicas que Nietzsche considerou uma superimposição e falsificação da ação das forças. Enquanto tentamos entender o que sobraria se retirássemos as categorias da nossa concepção das coisas, devemos nos lembrar que não estamos afastando a ideologia para acessar uma verdade interior. A medida de nossa interpretação não pode mais ser sua verdade, que não é um valor em si, mas sim sua relação com a vontade de poder: "O critério da verdade está no incremento do sentimento de poder" (Nietzsche, 2011, p. 281). Nietzsche se refere ao mundo sem causa e efeito como uma contenda mútua entre forças, com a diferença de que não há substância permeando as mudanças e unindo-as em uma identidade unida. Sem substâncias ou causa e efeito, todo o conhecimento e toda a progressão temporal se tornam impossíveis — de um momento até o outro, há uma massa recorrente de forças sem forma nem identidade. Nietzsche comumente desacredita a teleologia com o argumento de que "[s]e o mundo tivesse um fim, ele haveria de já ter sido alcançado" (Idem, p. 509). Isso pode ser entendido como um argumento atomista: dada a infinitude do tempo, qualquer estado final que ele poderia tender a atingir já teria sido atingido. Mas Nietzsche sempre apresenta esse diktat sem coisa alguma que se assemelhe a um argumento lógico, ou uma base suficiente. Soa para os meus ouvidos, ou a minha vontade de poder, como uma expressão do combate das forças: se o devir pudesse se materializar como o ser, isso aconteceria no primeiro instante, e permaneceria como tal para todo o sempre. Como isso não acontece, nos resta um eterno retorno do mesmo em cada momento, o constante advento de campos de força não-diferenciados no novo momento do devir.

Resta uma última contradição que devemos considerar nos escritos de Nietzsche sobre o eterno retorno, que lida com tudo o que viemos discutindo sobre a possibilidade da novidade e sua relação com a divisibilidade do átomo. Já ouvimos as premissas atomistas que ele ocasionalmente combina com seus pensamentos sobre a recorrência eterna: "um certo número definido de centros de força". Como, então, devemos interpretar o aforismo 617 de *A Vontade do Poder*, que conecta o eterno retorno explicitamente com a ideia de vontade do poder: "Imprimir no devir o caráter de ser — essa é a mais elevada vontade de poder [...]. Que *tudo retorna* é a mais extrema aproximaçãoo de um *mundo do devir ao mundo do ser*: cume da consideração" (Nietzsche, 2011, p. 317, ênfase do autor), e parece relacionar a novidade a uma contradição explícita de suas premissas atomistas anteriores: "Devir como inventar [...]. Em vez de "causa e efeito" a luta dos que devêm uns com os outros, frequentemente com absorção do opositor; nenhum número constante no que devém" (Idem). Este "número de elementos no devém" só pode ser o que foi anteriormente considerado numericamente definido — os centros de força. Seria possível, como eu mencionei anteriormente, argumentar que esses fragmentos pertencem a períodos diferentes de pensamento, e representam uma mudança nas ideias de Nietzsche (elas foram, de acordo com Walter Kaufmann, escritas ao longo de cerca de 5 anos). Mas qualquer gesto desse tipo se baseia na posição insustentável de que uma contradição não deveria ocorrer — neste discurso repleto delas, e que questiona o valor da verdade e o princípio da contradição. Por que, então, se expressar através desta contradição? Porque existe um certo mundo-sem-nós, uma qualidade infinita ou absoluta ao combate entre as forças sem identidade nem teleologia, e superá-lo é o fardo e a possibilidade de uma consciência finita, através de um conhecimento que Nietzsche celebra por sua falsidade: "Conhecimento em si no devir é impossível: como é, portanto, possível conhecimento? Como erro sobre si mesmo, como vontade de poder, como vontade de ilusão " (316). A possibilidade de algo como a novidade depende da falibilidade da qual o narrador de *A Biblioteca de Babel* reclamou quando observou sua caligrafia trêmula e imperfeita — ela depende dessa diferença-de-si-mesma observada nos sinais.

Borges

Apesar da complexidade da obra de Nietzsche sobre o assunto, Borges atribui a forma atomista do eterno retorno, não-ambiguamente, ao seu predecessor; critica essa visão, e então postula uma versão mais próxima da que descobrimos em Nietzsche. Não é o caso de Borges ser um leitor descuidado, e, dado o seu hábito de misturar verdade e ficção, nunca se pode ignorar a possibilidade de ele ter jogado com os leitores, talvez fingindo suplantar a Nietzsche para deixar a sua Vontade de Poder como Vontade de Arte forjar uma aparente novidade com o eterno retorno do mesmo. Em última análise, podemos encontrar uma expressão similar da impossibilidade da novidade a cada momento em Borges, juntamente com uma contradição similar focada na divisibilidade ou indivisibilidade do átomo. Novamente, a nossa tarefa é interpretar um texto em conflito consigo mesmo.

Os escritos de Borges explicitamente sobre Nietzsche e o eterno retorno vêm em dois ensaios incluídos em *Historia de la eternidad*: "A Doutrina dos Círculos" e "Tempo Circular". O primeiro oferece uma interessante desmistificação da história que Nietzsche contou sobre a origem de sua doutrina central. Em *Ecce Homo*, Nietzsche alega que a inspiração para *Assim Falou*

Zaratustra (e muito mais além disso) o atingiu enquanto passava por uma pedra piramidal[4] às margens do Lago Silvaplana, que ele anotou em uma página assinada com a frase "6.000 pés além do Homem e do Tempo" (Borges, 1999j, p. 119). Mas Nietzsche era um classicista e não poderia ter sido ignorante da tradição atomista da qual sua ideia se originou ou retornou. Ainda assim, nesta dissertação, Borges atribui uma forma rigorosamente atomista do eterno retorno a Nietzsche, e alega refutar este último ao invocar o princípio das infinidades incontáveis da teoria dos conjuntos de Cantor — isto é, a divisibilidade infinita do espaço e do tempo, e assim, a impossibilidade do átomo. Embora tal crítica devesse eliminar a possibilidade da repetição, Borges encerra aumentando a aposta do eterno retorno: "Se a hipótese de Zaratustra é aceita, eu não entendo como dois processos idênticos não se aglomeram em um único. Seria a mera sucessão, sem ser verificada por ninguém, o bastante?" (Borges, 1999j, p. 122). Tal questão é muito mais próxima do modo de investigação típico de Borges do que as invocações matemáticas e científicas em que ele se baseia para refutar Nietzsche no resto da dissertação. A ideia de que toda a experiência se reduz a uma única forma básica, assim como toda a arte e todo o tempo, se repete tantas vezes ao longo de sua obra (muitas vezes em palavras e frases idênticas) que ele só poderia rir consigo mesmo cada vez que ele a permitia retornar. "Eu tendo a retornar eternamente para

---

4 A pirâmide faz uma aparição vezes o bastante ao longo de nosso estudo para produzir uma certa paranóia, ou ao menos, o merecimento de uma consideração a mais. Além deste *mächtigen pyramidal aufgetürmten Block*, já cruzamos caminho com "Oh tempo, tuas pirâmides", uma citação que se multiplica através das páginas de textos passados e futuros. Para Nietzsche, isso parece ser um símbolo da própria eternidade do eterno retorno, talvez em referência às estruturas antigas e monumentais dos egípcios. Para Shakespeare, isso é um símbolo da frivolidade da finitude, que tenta disfarçar de nova uma mesmice imutável e persistente. Talvez Shakespeare e Borges tenham os mesmos monumentos em mente, mas enfatizem os seus aspectos de túmulos, disfarçando uma ausência central? Enquanto uma contemplação completa desse tema necessitaria levar em conta a semiologia de Hegel e o "a" de différance, nós vamos romper com o assunto meramente ao observar que "Talvez a história universal seja a história das várias entonações de algumas metáforas" (Borges, 1999h, p. 353).

o Eterno Retorno", ele admite nas primeiras palavras de *Tempo Circular*, e até mesmo essa esperteza apareceu dois anos antes, em *A Biblioteca Total*. Na conclusão de *Tempo Circular*, Borges considera o princípio de que "a história universal é a história de um único homem", e conclui que "o número de percepções, emoções, pensamentos e vicissitudes humanas são limitadas, e que antes de morrermos, vamos exaurir todas elas" (Borges, 1999e, p. 228). A linguagem patriarcal nessa formulação (*"de un solo hombre"*) é, talvez, sintomática da abstração necessária para fazer tal afirmação — pode ser possível que a diferença de gênero, entre outras, impeça a formação de tal representativo universal.

Essa versão imanente do eterno retorno também possui seu próprio avatar textual. Além de seus muitos comentários sobre o destino único do "homem", Borges também é guiado por seu ceticismo e idealismo (negando a aparição da diferença, e a reduzindo à unidade de uma ideia) para tratar toda a autoria como um ato unitário, escrevendo o mesmo livro eternamente. Em um poema que descreve a queima da Biblioteca de Alexandria, "Alexandria, 641 a.C.", sua personalidade, o general islâmico Omar, que Borges diz em uma nota ser uma "projeção do autor" (Borges, 1989, 203), afirma o eterno retorno: "As vigílias da humanidade engendraram / os livros infinitos. Se nem sequer um / daquela plenitude restasse / Eles seriam engendrados novamente, cada folha e cada linha" (Idem, p. 167). O narrador de "A Biblioteca de Babel" também nos referenciou ambas as formas do eterno retorno. Sua afirmação final da infinidade da biblioteca é uma versão tradicionalmente atomista. Ele oferece como premissas a infinitude do espaço (por exemplo, de salas hexagonais com prateleiras de livros) e o número finito de textos possíveis e postula com seu dogmatismo típico: "*A Biblioteca é infinita e Cíclica*" (Borges, 1964, p. 58). Sua conclusão é uma representação fiel da relação da chance e da necessidade no pensamento atomista: "Se um viajante eterno a cruzasse em qualquer direção, após séculos ele veria que os mesmos volumes foram repetidos na mesma desordem (que, assim repetida, seria uma ordem: A Ordem)" (Idem). O eterno retorno que identificamos como pertencendo a Nietzsche, e do qual o idealismo de Borges se aproxima, também tem seu paralelo no texto cabalístico[5] descrito pelo narrador: "Essas frases, incoerentes à primeira vista, sem dúvida podem ser justificadas em um modo alegórico ou criptográfico [...]. Eu não posso combinar alguns caracteres dhcmrlchtdj que a divina Biblioteca não tenha previsto, e que, em uma de suas línguas secretas, não possuam um terrível sentido" (Borges, 1964, p. 57). Nós estamos novamente em uma posição em que podemos aprender com o narrador de Borges, apesar de sua ideologia. Se o número de linguagens possíveis que concedam um significado em potencial a qualquer coisa que lembre uma frase é infinito, e se uma fórmula criptográfica é possível através da qual qualquer frase, página, ou livro poderia ser transformada em qualquer outra, e se o significado literal (como se essa distinção fosse segura) daquele texto codificado ou decifrado poderia ser transformado metaforicamente ou alegoricamente em qualquer significado possível, então parece que cada texto é capaz de possuir cada significado possível. Como o mundo de forças sem forma nem identidade que se repetem a cada momento, temos neste caso o eterno retorno do mesmo texto, um que admite todos os significados e interpretações possíveis, e constantemente se transforma em todos os outros textos com indiferença.

Assim como Nietzsche antes dele, Borges apresenta a experiência de uma criatura finita como uma contradição às premissas de qualquer tipo de eterno retorno. Em "Para Bernard Shaw", Borges considera em uníssono a máquina de pensar de Ramon Llull, que juntava sujeitos e predicados combinatoriamente, o medo de J.S. Mill de que acabariam suas composições musicais originais, e a "biblioteca caótica" de Lasswitz. De modo típico, Borges sugere que cada uma dessas ideias, incluindo a biblioteca universal que se tornou o assunto de uma de suas ficções mais assombrosas, "podem nos fazer rir" (Borges, 1952, p. 163).

---

5 O método de interpretação favorecido por nosso narrador já foi mencionado por Borges como cabalístico; ele chamou qualquer texto sujeito a ele de "um mecanismo de propósitos infinitos" (Borges, 1999b, p. 86).

Além do tom desdenhoso, também encontramos suas críticas mais profundas desses medos da possibilidade de exaustão: "A literatura não é exaurível, pela razão simples e suficiente de que um único livro não o é" (Borges, 1952, p. 164). Retornamos à propriedade da diferença-de-si-mesmo, que garante que os supostos átomos de um eterno retorno textual serão, na verdade, divisíveis. Ele define um livro como "o diálogo com o leitor" e afirma que "Aquele diálogo é infinito" (Idem, p. 163). Nosso conhecimento finito e falível garante algo como a novidade, como a impossibilidade da saturação de contexto ou significado.

A biblioteca universal é ela própria o *locus* dessa dialética. Cada uma de suas instâncias possui um precursor, até o ponto em que localizamos sua essência na iterabilidade, uma propriedade que reside na essência da linguagem e que existe desde antes da letra. Ainda assim, uma repetição pura sem diferença nunca é possível, como nos lembra Borges ao dizer que dois eventos sem diferença seriam indistinguíveis. Assim, cada instância da biblioteca traz algo como a novidade consigo, precisamente por falhar em realizar a totalidade ou universalidade que é seu ideal. Enquanto os bibliotecários de Borges buscaram a justificativa de sua existência e o mistério do futuro, e encontraram principalmente linhas que lembravam justaposições surrealistas, os visitantes de libraryofbabel.info têm a mesma chance de buscar memes da internet ou arte ASCII. O diálogo infinito continua.

Tanto Nietzsche como Borges mostram uma autoconfiança astuta ao se expressarem através da contradição, canalizando poder de ambos os lados da polêmica em que se equilibram. Em Nietzsche, essa tendência mostra uma afirmação em face da impossibilidade da totalidade, que não pode ser reduzida ao esquecimento do Ser nem inserida em um projeto e história unitária da metafísica, emitido adiante pelo próprio Ser[6]. O reco-

---

6 Ver *Interpretando Assinaturas (Nietzsche/Heidegger): Duas Questões,* de Derrida, para as indicações preliminares de uma desconstrução de *Nietzsche,* escrito por Heidegger, cujo projeto de tratar *A Vontade do Poder* e *O Eterno Retorno* como os nomes da essência e da existência em um projeto metafísico traem Nietzsche ao tentar totalizar seus pensamentos.

nhecimento elusivo que Borges tinha em relação à sua própria abertura à contradição é falado pela voz de um artista e filósofo; ele o chama de sua "tendência [...] a avaliar ideias religiosas ou filosóficas com base em seu valor estético e até pelo que é singular e maravilhoso sobre elas. Talvez isso seja uma indicação de um ceticismo básico [*escepticismo esencial*]" (Borges, 1952, p. 189). Ambos os autores expressam a possibilidade da superação de limites que só pode ser parcial e não-confirmada, sem bases absolutas. Para haver qualquer tipo de experiência, coisas devem conformar-se à forma de conceitos e símbolos iteráveis, o que Nietzsche chama de uma ferramenta de sobrevivência. Ainda assim, é a incompletude inelutável de nosso conhecimento (ou a propriedade essencial do símbolo iterável) que torna algo como a novidade possível. Se sempre há uma descoberta na invenção, como nossas criações sempre se conformam às formas do conhecimento e expressão possíveis, então ainda há uma invenção na descoberta, pois mesmo os nossos maiores esforços em busca da fidelidade se apoiam no átomo instável e nunca auto-idêntico. Borges e Nietzsche optam por um dos modos possíveis da expressão deste conflito, a afirmação que esconde e omite uma negação.

Em que se Argumenta, Apesar da Opinião Popular Contrária, que Borges Não Inventou a Internet

Nosso tema não foi a realização digital da fantasia de um autor, mas sim o diferimento da presença através de muitas virtualidades. Então, concluirei isto com uma consideração de uma tendência nas críticas recentes de Borges que eu acredito ser, em suas formas mais extremas, altamente suspeita: a tentativa de apresentá-lo como um profeta da internet e de tecnologias digitais relacionadas. Embora esses críticos também possam desejar prestar homenagem a um autor visionário, há muito em seu trabalho que sugere uma ideologia de progresso tecnológico que obscurece certos aspectos essenciais da cultura contemporânea e dos textos de Borges.

Esses autores têm modos diversos de emoldurar e justificar os seus estudos. Borges "antecipou o hipertexto e a internet" (Sassón-Henry, 2006, p. 11), ele é um "precursor da tecnologia do novo milênio" (Sassón, 2001, p. iii), suas histórias são "metáforas para a internet e o ciberespaço" (Acuña-Zumbado, 2012, p. 642), e "incorporam algumas características do hipertexto e da World Wide Web" (Sassón-Henry, 2007, p. 11). Enquanto a linguagem da antecipação, a precursora, e o prototraçado falam de um anacronismo percebido na obra de Borges, a linguagem de metáforas e encarnação sugerem seu papel como um artista — não para criar tecnologia literal, mas meramente prefigurá-la e anunciá-la. Como pode Borges executar este ato literário de prenunciar? Esses escritores dão o seu melhor ao tentar identificar os aspectos relevantes de sua obra, alegando ver uma quebra na temporalidade linear, a criação de múltiplos níveis de significado (Sassón-Henry contabiliza três), intertextualidade, e a necessidade da participação ativa do leitor. Neste momento, o leitor cuidadoso pode estar justificado ao protestar, afirmando que essas são as qualidades de qualquer texto, independentemente de seu estado de hiper- ou proto-hiper-. Basta lembrar-nos do que o narrador-bibliotecário nos ensinou sobre as possibilidades finitas do significado criptográfico e alegórico, e o texto multifacetado e não-linear que necessariamente resulta delas, para recordarmos que nenhum ato de leitura jamais poderá ser passivo. Após isso, precisamos questionar o atributo de profeta ou prefiguração literária, ao perguntar o quê, se é que alguma coisa, representou uma ruptura ao ser introduzido pelo hipertexto? Por algum tempo agora, estamos considerando a inverificabilidade da novidade, que só é possível como algo impossível. Certamente há diferenças em nosso encontro com o que se denomina hipertexto, mas essas diferenças são abissais, sem nenhum conceito para assegurar sua certeza, e nunca constituem algo reconhecível como uma essência. As palavras de qualquer texto impresso podem ser colocadas na internet e acessadas através de um hiperlink. Esse trabalho se tornou, por isso, hipertextual? Ele já o seria? Se podemos inserir no corpo de um texto a referencialidade de um hiperlink, permitindo que um texto se enterre em outro, isso é só porque essa intertextualidade estava implícita em todo texto como tal. Como nenhum critério rigoroso separa o hipertexto do texto simples (e isso sem distinguir o proto-hipertexto), não podemos mais alegar que Borges é o predecessor ou profeta que alegamos ter avançado além de seu momento textual. Somos todos contemporâneos ao sermos anacrônicos conosco[1].

---

1   J. Andrew Brown, em *Re-atarefando Borges: Tecnologia e o Desejo de um Presente Borgiano,* sua análise de muitas das obras que iremos considerar neste capítulo, oferece uma leitura mais generosa. Ele se baseia em Kafka e

Além da experiência ou forma do texto, esses mesmos críticos apontam o conteúdo de certas histórias (*A Biblioteca de Babel* e *O Jardim dos Caminhos que se Bifurcam*, tipicamente) como similarmente prescientes. Essas interpretações são marcadas tanto por seus excessos quanto por suas deficiências: "Em *A Biblioteca de Babel*, o Borges [sic] retrata a inabilidade do homem de encontrar o livro perfeito e infinito. Assim, Borges parece profetizar o dilema daqueles no século XXI que tentam encontrar as respostas a seus problemas na internet" (Sassón-Henry, 2007, p. 53). É correto reconhecer a ausência do conhecimento absoluto como uma continuidade entre usuários da internet e leitores de todas as épocas, embora a nossa pergunta dupla permaneça — o que mudou para nós que mereça uma busca por seus precursores, e o que Borges tem de diferente para merecer sua eleição como tal?

Martin S. Watson exibe esta mesma mistificação — uma leitura errônea de Borges e do momento contemporâneo. A infinidade da Biblioteca é repetidamente afirmada em seu texto ("o arquivo infinito") (Watson, 2009, p. 151), e o mesmo engano é cometido a respeito da máquina de pensar de Ramón Llull. Desta simples e limitada permutação, é dito que "A máquina contém a infinidade devido à sua infinita possibilidade de combinações e recombinações" (Idem, p. 154). Isto é mais do que apenas matemática ruim. Devemos reconhecer, com certo desalento, que se "A Biblioteca de Babel" foi mal-interpretada de acordo com a ideologia de seu narrador, ela é considerada uma comparação apropriada devido a uma interpretação errônea idêntica sobre o que Watson chama de "o mundo digital de hoje" (Idem). Ele imagina que possuímos conhecimento infinito: "*A Biblioteca de Babel* é uma metáfora apta para a experiência pós-humana do arquivo, pois ela captura os domínios enormes de informação que estão atualmente disponíveis" (Idem, p. 159). Esta compara-

---

seus Precursores, de Borges, para inverter a ordem da causalidade, sugerindo que nós, imersos em hipertexto, criamos os seus predecessores através do ato de procurar por eles. Questionar a novidade ou mesmo a autocontemporaneidade de nosso "próprio" presente desestabiliza ainda mais a ordem da causalidade.

ção demonstra tanto uma má compreensão do passado, ao ver a obra de Borges como diferente de seu tempo por se assemelhar às nossas, quanto uma má interpretação do presente, ao nos ver como inovadores o suficiente para merecermos uma comparação com o Borges que nunca foi.

A estrutura conceitual que Sassón-Henry usa para separar Borges de outros escritores demonstra que a crença na novidade essencial de nossa tecnologia é em verdade uma afirmação dos ideais do humanismo. Isso é especialmente aparente no logocentrismo que jaz sob a sua comparação de nosso presente "pós-imprensa" com um passado "pré-imprensa" anterior à invenção da letra. Ela celebra a capacidade de comunicação oral pela presença imediata do falante e do ouvinte, e alega que o hipertexto restaura o que a imprensa perdeu, ao permitir que usuários comentem na escrita, e ao reconstituir os processos do pensamento ("o hipertexto imita o processo mental de associação") (Sassón-Henry, 2007, p. 15). Não deve ser necessário apontar que essas distinções se auto-desconstroem, como o falante e o ouvinte nunca estão em presença imediata um do outro, e nem presença-a-si-mesmos, mas podemos ao menos testemunhar a má fé do gesto através do qual Borges escapa de seu destino como um autor das letras impressas: "Borges, que através de seu uso soberbo da linguagem, consegue exceder os limites da imprensa" (Idem, p. 16). Quão certos, então, podemos estar de que esses eram limites, ou que eram limites somente da palavra impressa? Essa alegação depende da ideia anteriormente mencionada de que o leitor toma um papel ativo somente em histórias escritas por Borges (Cortázar é um dos únicos outros autores que recebem uma comparação no estudo dela). Ela conclui com uma invocação estranha da teoria literária:

> Ao minar o papel do autor, Borges apresenta ao mundo literário duas ideias que suplementam uma a outra: (1) o autor some do ato literário e (2) o leitor se move para dentro do texto através do espaço deixado livre pelo autor. Esses princípios se relacionam às ideias expressadas por Roland Barthes

em seu ensaio "A Morte do Autor". (Sassón-Henry, 2007, p. 19)

Embora devamos questionar o porquê deste desaparecimento do autor ser uma virtude somente algumas páginas após o seu hino à oralidade, também devemos apontar que a morte do autor não é uma característica contingente deste ou daquele texto, seja pré- pós- ou hiper-, mas de tudo o que é expressado através da linguagem e sujeito à iterabilidade. Atribuir isso à decisão soberana do "uso soberbo da linguagem" de um autor busca escorar a disseminação dentro do assunto presente em si mesmo, outra celebração do logocentrismo[2].

---

2   Em uma obra que precede essas outras por uma geração, *Borges y la Inteligencia Artificial*, Ema Lapidot considera o relacionamento da escrita de Borges com máquinas de pensar. Seu estudo tem muitos *topoi* em comum com o trabalho mais recente feito sobre o assunto; por exemplo, as histórias de Borges são descritas como "metáforas para os componentes essenciais das modernas máquinas de pensar" (Lapidot, 1990, p. 61), o papel criativo do leitor é posto em primeiro plano, e as permutações da máquina de pensar de Llull são contadas como infinitas. Entretanto, ela lê Borges como alguém que refuta qualquer comparação entre as faculdades humanas e aquelas das máquinas.
    Lapidot vê *A Biblioteca de Babel* como uma demonstração de um processo criativo mecanístico que é incapaz de imitar a inspiração poética e emotiva dos seres humanos. Ela alega que Borges "não leva a sério a mecanização da literatura" (Lapidot, 1990, p. 26), e identifica seu trabalho com um humanismo hostil: "Podemos aceitar sem dificuldade a mecanização dos pensamentos lógicos, mas detestamos a idéia de humanizar o que é especificamente humano: o nosso modo especial de compreender o universo e a nossa habilidade extraordinária de expressá-lo" (Idem, p. 153).
    Lapidot, desta forma, evita o erro de exagerar a proeza da tecnologia (assim como o erro gêmeo que é enxergar essa absolutização em Borges). Entretanto, ela comete o erro oposto de absolutizar a inteligência humana para resgatá-la da tecnicidade. *A Biblioteca de Babel* nos mostra que tanto nossas criações mais lógicas quanto as mais poéticas ou místicas são reproduzíveis e iteráveis nesse processo maquinal. Se gostaríamos de acreditar em nossa própria criatividade ou liberdade, o desafio é pensar juntamente com a máquina. Não seria possível reconciliar sua posição com uma linha que ela cita de uma intrigante entrevista com Borges sobre o assunto, dada em 1967, em que ele comenta sobre a poesia: "Sempre há um pouco de *A Biblioteca de Babel* ali! Lá está um pouquinho da máquina..." (citado em Lapidot, 1990, p. 24).

Nosso estudo buscou mostrar a continuidade de algo como uma essência sob as várias formas da biblioteca universal, como uma experiência de pensamento de um filósofo, uma narrativa ficcional, ou uma "invenção" tecnológica. Podemos nos sentir tentados a invocar o τέχνη dos Gregos ao classificar essa natureza dividida de arte e tecnologia, embora o que esses dois tenham em comum não seja a segurança de uma essência idêntica, mas a ruptura de um divergir-de-si-mesmo incessante. A iterabilidade que permite à linguagem ser arrancada do contexto das intenções de um orador para reaparecer como um processo puramente combinatório e mecânico também é o que impede esse projeto de competir consigo mesmo ao saturar o campo da expressão ou dos significados possíveis. Nossa suspeita é confirmada a cada página em que esses autores imaginam que nossas tecnologias digitais totalizaram as possibilidades da expressão e da comunicação, e eles mal-interpretam Borges como um visionário da possibilidade dessa totalização. Ao invés disso, ele tem êxito ao prever nosso momento contemporâneo, pois ele expressa a falta de totalidade, a finitude e incerteza que atormentam mesmo os maiores projetos de qualquer cognição entre a singularidade e a iterabilidade. Também podemos vislumbrar, atrás do véu da distância irônica, o canto do sorriso que reconhece nesta finitude a possibilidade da interação total.

Bibliografía

Acuña-Zumbado, Eduardo. 2015. "Trazos proto-hipertextuales en la narrative moderna latinoamericana: 'La Biblioteca De Babel.'" *Hispania* 95, no. 4: p. 640–49. https://www.jstor.org/stable/41756417.

Alazraki, Jaime. 1988. *Borges and the Kabbalah.* Cambridge: Cambridge University Press.

Apostol, Gina. 2013. "Borges, Politics, and the Postcolonial." *Los Angeles Review of Books.* 18 agosto. https://lareviewofbooks.org/essay/borges-politics-and-the-postcolonial.

Badmington, Neil. 2009. "Babelation." *Cy-Borges: Memories of the Posthuman in the Work of Jorge Luis Borges.* Ed. Stefan Herbrechter e Ivan Callus. Lewisburg: Bucknell University Press. p. 59–70.

Balderston, Daniel. 1993. *Out of Context: Historical Reference and the Representation of Reality in Borges.* Durham: Duke University Press.

Barrenechea, Ana María. 1965. *Borges: The Labyrinth Maker.* Trad. Robert Lima. New York: New York University Press.

Basile, Jonathan. 2015. "Theory — Why Hexagons 1." *libraryofbabel.info.* https://libraryofbabel.info/theory.html.

Bloch, William Goldbloom. 2008. *The Unimaginable Mathematics of Borges' Library of Babel.* Oxford: Oxford University Press.

Borges, Jorge Luis. 1942. *El jardín de senderos que se bifurcan.* Buenos Aires: Sur.

———. 1962. "The Library of Babel." *Ficciones*. Trad. Anthony Kerrigan. New York: Grove. p. 79–88.

———. 1964. "The Library of Babel." Trad. James East Irby. *Labyrinths: Selected Stories & Other Writings*. New York: New Directions. p. 51–58.

———. 1965. *Other Inquisitions: 1937–1952*. Trad. Ruth L.C. Simms. New York: Simon and Schuster.

———. 1971. "An Autobiographical Essay." *The Aleph and Other Stories 1933–1969: Together with Commentaries and an Autobiographical Essay*. Trad. Norman Thomas di Giovanni. London: J. Cape. p. 135–85.

———. 1974. "La Biblioteca De Babel." *Obras Completas*. Buenos Aires: Emecé. p. 465–71.

———. 1979. *The Book of Sand: The Gold of the Tigers, Selected Lated Poems*. Trad. Norman Thomas di Giovanni. Harmondsworth: Penguin.

———. 1982. *Borges at 80: Conversations*. Ed. Willis Barnstone. Bloomington: Indiana University Press.

———. 1985. "La Biblioteca Total." *Ficcionario: Una Antología De Sus Textos*. Ed. Emir Rodríguez Monegal. México, D.F.: Fondo De Cultura Económica. p. 126–29.

———. 1989. "Historia De La Noche." *Obras Completas*. Vol. II. Barcelona: Emecé. p. 165–203.

———. 1998. "The Library of Babel." *Collected Fictions*. Trad. Andrew Hurley. New York: Viking.

———. 1999a. *The Total Library: Non-fiction 1922–1986*. Ed. Eliot Weinberger. London: Penguin. p. 65–68.

———. 1999b. "A Defense of the Kabbalah" [1932]. Trad. Eliot Weinberger. *The Total Library: Non-fiction 1922–1986*. Ed. Eliot Weinberger. London: Penguin. p. 83–86.

———. 1999c. "A History of Angels" [1926]. Trad. Esther Allen. *The Total Library: Non-fiction 1922–1986*. Ed. Eliot Weinberger. London: Penguin. p. 16–19.

———. 1999d. "A History of the Echoes of a Name" [1955]. Trad. Eliot Weinberger. *The Total Library: Non-fiction 1922–1986*. Ed. Eliot Weinberger. London: Penguin. p. 405–8.

———. 1999e. "Circular Time" [1941]. Trad. Esther Allen. *The Total Library: Non-fiction 1922–1986.* Ed. Eliot Weinberger. London: Penguin. p. 225–28.

———. 1999f. "John Wilkins' Analytical Language" [1942]. Trad. Eliot Weinberger. *The Total Library: Non-fiction 1922–1986.* Ed. Eliot Weinberger. London: Penguin. p. 229–32.

———. 1999g. "On the Cult of Books." 1951. Trad. Eliot Weinberger. *The Total Library: Non-fiction 1922–1986.* Ed. Eliot Weinberger. London: Penguin. p. 358–62.

———. 1999h. "Pascal's Sphere." 1951. Trad. Eliot Weinberger. *The Total Library: Non-fiction 1922–1986.* Ed. Eliot Weinberger. London: Penguin. p. 351–53.

———. 1999i. "The Argentine Writer and Tradition" [1951]. Trad. Esther Allen. *The Total Library: Non-fiction 1922–1986.* Ed. Eliot Weinberger. London: Penguin. p. 225–28.

———. 1999j. "The Doctrine of Cycles" [1936]. Trad. Esther Allen. *The Total Library: Non-fiction 1922–1986.* Ed. Eliot Weinberger. London: Penguin. p. 115–22.

———. 1999k. "The Total Library." 1939. Trad. Eliot Weinberger. *The Total Library: Non-fiction 1922–1986.* Ed. Eliot Weinberger. London: Penguin. p. 214–16.

———. 2015. *The Garden of Branching Paths.* Trad. Norman Thomas di Giovanni. *libraryofbabel.info.* https://libraryofbabel.info/Borges/thegardenofbranchingpaths.pdf.

——— e Norman Thomas di Giovanni. 1999. *Autobiografía 1899–1970.* Buenos Aires: El Ateneo.

Brown, J. Andrew. 2009. "Retasking Borges: Technology and the Desire for a Borgesian Present." *Variaciones Borges* 28. p. 231–40.

De Man, Paul. 1979. *Allegories of Reading: Figural Language in Rousseau, Nietzsche, Rilke, and Proust.* New Haven: Yale University Press.

———. 1987. "A Modern Master." *Critical Essays on Jorge Luis Borges.* Ed. Jaime Alazraki. Boston: G.K. Hall. p. 55–62.

Derrida, Jacques. 1977. "Signature Event Context." *Limited Inc.* Baltimore: Johns Hopkins University Press.

————. 1986. "Interpreting Signatures (Nietzsche/Heidegger): Two Questions." *Philosophy and Literature* 10, no. 2. p. 246–62. DOI: 10.1353/phl.1986.0006.

————. 2002. *Torres de Babel.* Trad. Junia Barreto. Belo Horizonte: Editora UFMG.

di Giovanni, Norman Thomas. n.d. "The Borges Papers." http://www.digiovanni.co.uk/borges.htm.

Faucher, Kane X. 2001. "A Few Ruminations on Borges' Notions of Library and Metaphor." *Variaciones Borges* 12. p. 125–37. https://www.jstor.org/stable/24880649.

————. 2007. "The Effect of the Atomist Clinamen in the Constitution of Borges's 'Library of Babel.'" *Variaciones Borges* 23. p. 129–47. https://www.jstor.org/stable/24880478.

Fernandez, Antonio Toca. 2009. "La biblioteca de babel: Una modesta propuesta." *Revista Casa Del Tiempo* III, no. 24. p. 77–80. http://www.uam.mx/difusion/casadeltiempo/24_iv_oct_2009/casa_del_tiempo_eIV_num24_77_80.pdf.

Foucault, Michel. 2006. "A linguagem ao infinito." *Ditos e escritos III — Estética: Literatura e Pintura, Música e Cinema.* Trad. Inês Autran Dourado Barbosa. Rio de Janeiro: Forense Universitária. p. 47–59.

Grau, Cristina. 1989. *Borges y la Arquitectura.* Madrid: Cátedra.

James, Clive. 2007. "Borges' Bad Politics." *Clive's Lives: A Guide to Twentieth Century Culture. Slate,* 7 fevereiro. http://www.slate.com/articles/news_and_politics/clives_lives/2007/02/jorge_luis_borges.html.

Jarkowski, Anibal. 2012. "Cuando Borges Perdió Por Mayoría De Votos." *Clarín.* 2 janeiro. http://www.clarin.com/literatura/borges-el-jardin-de-los-senderos-que-se-bifurcan-ficciones_0_HyKoJY3Dmg.html.

Kaufmann, Walter. 1950. *Nietzsche: Philosopher, Psychologist, Antichrist.* Princeton: Princeton University Press.

Köhler, Joachim. 2002. *Zarathustra's Secret: The Interior Life of Friedrich Nietzsche.* Trad. Ronald Taylor. New Haven: Yale University Press.

Kristal, Efraín. 2002. *Invisible Work: Borges and Translation.* Nashville: Vanderbilt University Press.

————. 2015. "UCLA Professor Erain [*sic*] Kristal Delivers the 118th Faculty Research Lecture on 'Jorge Luis Borges.'" *YouTube*. 13 maio. https://www.youtube.com/watch?v=o-XR9AiqRXVQ.

Lapidot, Ema. 1990. *Borges y La Inteligencia Artificial: Análisis Al Estilo De Pierre Menard*. Madrid: Ed. Pliegos.

Lasswitz, Kurd. 1958. "The Universal Library." Trad. Willy Ley. *Fantasia Mathematica: Being a Set of Stories, Together with a Group of Oddments and Diversions, All Drawn from the Universe of Mathematics*. Ed. Clifton Fadiman. New York: Simon and Schuster. p. 237–43.

Ley, Willy. 1958. "Postscript to 'The Universal Library.'" *Fantasia Mathematica: Being a Set of Stories, Together with a Group of Oddments and Diversions, All Drawn from the Universe of Mathematics*. Ed. Clifton Fadiman. New York: Simon and Schuster. p. 244–47.

Nietzsche, Friedrich Wilhelm. 2011. *A Vontade de Poder*. Trad. Marcos Sinésio Pereira Fernandes & Francisco José Dias de Moraes. Rio de Janeiro: Ed. Contraponto.

————. 2017. *A Gaia Ciência*. Trad. Antonio Carlos Braga. São Paulo: Ed. Escala.

Shakespeare, William. 2012. "Soneto CXXIII." *Sonetos*. Trad. Péricles Eugênio da Silva Ramos. São Paulo: Hedra. p. 119.

Sassón, Perla. 2000. *Borges's Futures: Hypertexts, Labyrinths and Rhizomes: A Twenty-First Century Reading of "the Garden of Forking Paths" and "the Library of Babel."* PhD Thesis. State University of New York.

Sassón-Henry, Perla. 2007. *Borges 2.0: From Text to Virtual Worlds*. New York: Peter Lang.

————. 2006. "Borges' 'The Library of Babel' and Moulthrop's Cybertext 'Reagan Library' Revisited." *Rocky Mountain Modern Language Association* 60, no. 2. p. 11–22. DOI: 10.2307/4143854.

Sefer Yetzirah: The Book of Creation. 1997. Trad. e ed. Aryeh Kaplan. San Francisco: Weiser Books.

Sturrock, John. *Paper Tigers: The Ideal Fictions of Jorge Luis Borges*. Oxford: Clarendon, 1977.

Waldman, Katy. 2015. "Jorge Luis Borges' 'Library of Babel' Is
     Now a Real Website. Borges Would Be Alarmed." *Slate*. 30
     abril. http://www.slate.com/blogs/browbeat/2015/04/30/
     jonathan_basile_brings_borges_library_of_babel_to_life_
     with_an_eerie_gibberish.html.
Waterfield, Robin. 2000. "The Atomists." *The First Philosophers:
     The Presocratics and the Sophists*. Oxford: Oxford University
     Press.
Watson, Martin S. 2009. "Archival Imaginings." *Cy-Borges:
     Memories of the Posthuman in the Work of Jorge Luis Borges*.
     Ed. Stefan Herbrechter e Ivan Callus. Lewisburg: Bucknell
     University Press. p. 148–63.
WillH. 2015. "The Structure of the Library." *libraryofbabel.info*.
     https://libraryofbabel.info/forum/?topic=the-structure-of-
     -the-library.
Wolff, Theodor. 1929. *Der Wettlauf mit der Schildkröte; Gelöste
     und ungelöste Probleme*. Berlin: A. Scherl.

"*W. sonha, como Fedro, sobre um exército de amigos-pensadores, amantes-pensadores. Ele sonha sobre um exército de pensamento, uma horda-pensamento, que atacaria as filosóficas Casas do Parlamento. Ele sonha com Tártaros das estepes filosóficas, com bárbaros-pensamento, forasteiros-pensamento. Que distâncias brilhariam em seus olhos!*"

— Lars Iyer